미라클
타이밍

그 어떠한 난관에도 굴하지 않고 용기와 추동력을 얻는다는 것이
무엇을 의미하는지 내게 가르쳐준 파커 가족에게 이 책을 바친다.

마크 W. 셰퍼

인 생 을 완 전 히 바 꿀 1 c m 기 회 의 틈

MIRACLE TIMING

미라클 타이밍

마크 W. 셰퍼 지음 임승현 옮김

팀 페리스Tim Ferriss는 오프라 윈프리Oprah Winfrey, 미국에서 가장 유명한 토크쇼 진행자와 알고 지낸다. 반면 나는 그렇지 않다. 이 책의 근본적인 목적은 '그 이유'를 알아내는 것이다.

"팀 페리스는 어떻게 자신의 커리어를 오프라 레이더망Orbit에 올려놓았는가, 즉 어떻게 이른바 '오프라 라인'을 탈 수 있었는가."

이 질문에 당신의 아이디어와 사업 그리고 커리어에 필요한 추동력을 갖추기 위한 함의가 내포되어 있다. 이는 상당히 중요한 함의이다.

팀 페리스가 누구인지 모르는 사람들을 위해 잠시 소개하자면, 그는 세계에서 가장 유명한 작가이자 자기변혁 분야의 권위자 중 한 명이다. 그의 첫 저서, 《나는 4시간만 일한다The 4-Hour Workweek / 다른상상, 2017》는 무려 4년이 넘는 기간 동안 뉴욕타임스 베스트셀러 목록에서 자리를 지켰고, 전 세계적으로 210만 부가 팔리며 선풍적인 인기를 끌었다. 책의 흥행으로 팀 페리스는 화려한 유명 인사의 반열에 올라섰다.

그의 팟캐스트 중 별 다섯 개를 받은 리뷰만 9만 건에 달하며, 총 5억 회 이상의 다운로드 횟수를 기록했다. 그는 회당 출연료만 7만 5,000 달러인 세계에서 가장 몸값이 비싼 연설가 중 한 명으로, CNN은 그를 "지구의 대표적인 엔젤 투자자 중 한 명"이라고 칭하였다.

팀 페리스는 적게 일하며 더 풍부한 인생을 누리는 생활양식을 개척하는 세대의 영웅이자, 성공의 대명사Mr. Success다. 그렇다. 팀 페리스는 정말 훌륭한 인생을 살고 있다.

나는 팀 페리스가 오늘날 대스타가 된 추동력의 원천을 어디에서 얻었는지 알아내고자 여기저기 기웃거려보았다. 그는 투명함을 자신의 매력 중 하나로 내세우는 만큼, 지난 삶에 대해 꽤 솔직하게 털어놓은 편이다. 내가 조사하며 알게 된 몇 가지 인상적인 점들은 다음과 같다.

- 팀 페리스는 뉴욕주 롱아일랜드에서 조산아로 태어났다. 또래보다 체구가 작았으며, 어렸을 때 괴롭힘을 당했다고 한다.
- 한 인터뷰에서 그는 자신이 공부밖에 모르는 샌님에, 과하게 산만했으며, 심각한 건강상의 문제들을 빈번하게 겪었다고 밝혔다. 출처 Business Insider podcast "Success! How I Did It" episode / 팀 페리스가 어려운 한 해 동안 자기성찰을 통해 무엇을 깨달았는지 그리고 수백만 명의 열렬한 팬층을 어떻게 얻었는지를 공개한다.

- 평범한 중산층 가정에서 자랐지만, 부모님께서 책만큼은 그가 원하는 대로 모두 사주셔서 독서에 대한 사랑을 키워나갈 수 있었다고 한다.

- 그는 동아시아학 학위를 따며 대학을 졸업했고, 졸업논문 제목은 '일본 간지 문자 습득법 : 전통적 학습법과 연상기호의 보조적 활용Acquisition of Japanese Kanji: Conventional Practice and Mnemonic Supplementation'이다.

- 졸업 후, 그는 데이터 저장 회사에서 영업직으로 근무했다.

- 유명한 테드TED 강의에서 그는 대학 시절 자살 시도 경험, 양극성 우울증 투병 경험과 거의 아무것도 하지 못하게 만들었던 자가 마비 경험에 대해 공개적으로 논했다(이 영상은 무려 800만 조회 수를 기록했다).

- 2004년 그는 친구의 죽음, 장기 연애의 실패 그리고 창업하고 긴 시간을 투자했는데도 정체기를 맞은 사업 때문에 또 한 번 바닥을 쳤다. 그는 1년간 쉬며 유럽 여행을 했고, 이때 책을 쓰기 위한 아이디어를 수집했다.

- 그는 《나는 4시간만 일한다》의 제안서를 26곳의 출판사에 냈지만 모두 거절당했다.

나는 이러한 사실들을 알고 몹시 실망했다. 그의 천문학적 성공을 점칠 수 있을 만한 요소가 그리 많아 보이지 않기 때문이었다. 물론, 그의 책이 혜성처럼 성공적으로 출시된 후에도, 냉혹한 논평들은 여전히 존재했다. 그중 몇몇은 팀 페리스가 가끔 부도덕하고 비열한 방식으로 전문용어들을 남발하며, 오래된 자조 기법들을 우려먹고 있다고 평가했다. 이들은 그의 성공 요인이 대부분 상당한 수준의 자기 PR 능력에 기인한다고 보았다.

팀 페리스가 자기 분야에서 세기의 전문가일 가능성은 매우 희박하다. 아이러니하게도 이는 그가 너무나도 매력적인 연구 대상인 이유다.

그가 책을 썼을 나이인 스물아홉까지 그의 인생이 어떠했는지를 살펴본다면, 그가 머지않아 휴 잭맨Hugh Jackman, 르브론 제임스LeBron James 등과 같은 유명 인사들과 어울리게 되리라는 예측에 라스베이거스의 가장 공격적인 오즈메이커oddsmakers, 승산의 비율을 측정하는 사람들도 갸우뚱했을 것이다. 분명 어떤 미친 짓이 일어난 것이다.

팀 페리스는 인터뷰에서 이렇게 말했다. "그 누구도 책이 성공하리라 예상하지 않았어요. 초판 인쇄 부수가 약 1만 부 정도밖에 안 되어서 부분적으로나마 전국에 배포되는 수준에도 못 미쳤다고 할 수 있죠. 아마 시기가 잘 맞았던 것 같아요. 결국에는 저를 포함한 모두를 놀라게 하며 뉴욕타임스 베스트셀러 1위를 차지했어요."

그 후 팀 페리스라는 히트 제조기는 제대로 활기를 띠었다. 책의 성공은 잘 나가는 벤처 투자자들과 연이 닿도록 해주었고, 그들은 그에게 내부자들의 투자 비밀들을 알려주었다. 이 조언을 기반으로 그는 쇼피파이Shopify, 에버노트Evernote, 우버Uber 등을 포함한 수백만 불어치 투자 포트폴리오를 구축할 수 있게 되었다. 새롭게 창출된 부와 책의 명성은 그를 비즈니스계, 스포츠계, 연예계를 이끄는 리더들과 같은 궤도에 오를 수 있게 주었다. 그는 거기서 그치지 않고, 이런 휘황찬란한 인맥들을 활용해 열렬한 후원자들의 힘으로 유명 인사들이 가득 출연하는 팟캐스트를 만들었다. 이 팟캐스트 인터뷰를 조합하여 아리아나 허핑턴Arianna Huffington, 매들린 올브라이트Madeleine Albrigh, 닐 디그래스 타이슨Neil deGrasse Tyson과 같은 유명 인사들의 이야기들로 가득 채운 또 하나의 베스트셀러 저서 《지금 하지 않으면 언제 하겠는 Tribe Of Mentors / 토네이도, 2018》를 완성하였다.

　우리 둘의 커리어 비교를 위한 팀 페리스의 성공 이야기는 여기서 잠시 멈추겠다. 장담컨대, 이는 의미 있는 작업이 될 것이다. 아니 솔직히 말하자면, 다름 아닌 이 비교가 바로 이 책의 요점이다.

　우리는 각자의 첫 저서를 얼추 비슷한 시기에 출판했다. 이 출발선에서 나는 팀 페리스보다 두 배 이상의 사업 경험이 있었고, 더 많은 교육을 받았으며(세계적으로 유명한 경영관리 컨설턴트 피터 드러커 밑에서 3년간 공부까지 했다), 훨씬 많은 (500% 이상 더 많은 트위터 팔로워)청중의 소유자였다. 확신할 순 없지만, 아마 내가 은행에 돈도 더 많았을 것이다! 그러나 우리의 커리어는 순식간에 어마어마하게 상이한 추동력 momentum의 전환점을 맞게 된다.

내 첫 저서도 새롭고 중요한 아이디어를 선보였다. 《영향력 수익률 Return on Influence / 국내 미출간》은 인플루언서 마케팅Influencer Marketing, SNS 등에서 수많은 팔로워(구독자)를 통해 영향력을 행사하는 이들을 활용한 마케팅 방법을 다룬 도서로는 처음이었고, 뉴욕의 대형 출판사 맥그로힐McGraw-Hill에서 출판 및 홍보되었다.

《영향력 수익률》은 비록 뉴욕타임스 베스트셀러 목록에 오르지는 못했지만, 아마존의 다수 부문에서 1위를 찍으며 경영 서적으로는 매우 성공적이었다. 몇 가지만 언급해보자면 이 책으로 나는 CBS 뉴스, 블룸버그Bloomberg, 월스트리트저널The Wall Street Journal과의 인터뷰 및 출연 기회를 누렸다. 시간이 흘러, 현재 나는 기조연설자 및 컨설턴트로서 훌륭한 커리어를 영위하고 있고, 현재 팀 페리스와 함께 아마존 작가 중 상위 1%를 차지하고 있다.

하지만 이게 전부다. 나는 팀 페리스가 아니다. 오프라 윈프리에게 전화가 오지도 않고 심지어 배관공도 답신이 없다. 이 책은 이런 현상에 대한 "왜?"라는 질문에 답한다. 무엇이 이 차이를 만들었을까? 대체 무엇이 팀 페리스의 플라이 휠flywheel, 속도를 조절하는 바퀴에 기름칠을 해

많은 난관을 극복하고 세계적으로 선풍적인 인기를 끌게 해주었을까? 순전히 운이었을까, 아니면 우리가 학습하여 아이디어와 사업에 적용해야 할 추동력에 대한 어떤 교훈이 있는 걸까?

스포일러 주의! 당연히 교훈은 존재하며, 그 해답은
성공의 복리|Cumulative Advantage라는
조금은 불분명한 개념에 있다.

'성공의 복리' 원리란 누군가 자신의 분야에서 조금의 비교우위를 점하게 되는 순간, 그 이점은 시간이 지날수록 커다란 혜택들로 부풀어 오르게 된다는 것이다.

물론 예외는 늘 존재한다. 이 책은 그 '성공의 원료'를 탐구한다. 아이디어, 개인, 또는 사업에 멈추지 않는 추동력을 부여하는 차별화 요소는 무엇일까? 비록 당신에게 뚜렷하게 타고난 우위가 없을지라도, 다른 이들의 작은 아이디어가 큰 성공으로 진화되는 과정을 이해함으로써, 당신의 인생을 바꿔줄 추동력을 탑재할 수 있을 것이다.

오늘날 마케팅의 본질은 이 질문에 답하는 것이다. "우리 목소리를 어떻게 전달할 수 있을까?", "무한한 선택지들의 소음을 뚫고 어떻게 관중 혹은 소비자들에게 지속 가능한 의미를 전달할 수 있을까?"

나는 디지털 세계의 낡은 규칙들을 따르는 것으로는 충분치 않다고 생각한다. 콘텐츠 전략, 소셜 미디어, SEO Search Engine Optimization, 검색 엔진 최적화 / 각종 검색 엔진에 특정 글을 효과적으로 싣고 널리 알릴 수 있도록 웹 페이지를 구성해 검색 결과의 상위에 오르게 만드는 작업로도 마찬가지이며, 당신이 일을 매우 잘하는 것만으로는 아마 부족할 것이다.

이 책은 세상이 어떻게 크고 작은 장애물들로 우리를 가로막고 있는지 보여주고, 이를 극복하기 위한 새로운 방안들을 제시할 것이다. 당신을 슈퍼스타로 만든다는 보장은 할 수 없지만, 그리고 아마 당신도 스타덤이 필요하진 않겠지만, 불리한 상황 속에서도 어떻게 당신의 아이디어, 사업 혹은 커리어에 탄탄한 추동력을 구축할 수 있는지 보여주겠다.

우리의 여정을 시작하며, 조금은 어렵지만 흥미로운 개념인 성공의 복리, 그리고 때로는 실패의 복리에 대해 탐구해보도록 하자.

목차

PART 01

포셀리안
클럽

The Porcellian Club

〈소셜 네트워크〉라는 영화를 보았는가? 이 영화에서 내가 가장 흥미롭게 지켜본 캐릭터는 윙클보스 형제이다. 조각 같은 외모, 눈부신 금발 머리, 약 198센티미터의 큰 키를 가진, 금수저를 물고 태어난 일란성 쌍둥이. 마크 저커버그Mark Zuckerberg에게 뒤통수를 맞아 페이스북 Facebook에 이바지한 바를 빼앗긴 바로 그 올림픽 조정선수들 말이다.

영화 내용만으로 이들이 내 관심을 끌었다고 하기는 어렵다. 솔직히 말해서 거만한 투덜이들의 인상을 심어주는데 일조했을 뿐이다. 그럼에도 이들의 이야기가 흥미로운 진짜 이유는 영화 줄거리 전과 후의 실제 사건들 때문이다.

타일러와 캐머런 윙클보스는 뉴욕주 사우샘프턴에 소재한 미국의 대표 특권층 거주지 중 하나인 '더 햄프턴즈' 부촌가에서 태어났다. 학자이자 사업가였던 그들의 아버지는 근면 성실한 독일 이민자 광부 집안에서 컨설팅 회사와 초기 기술 회사를 세워 백만장자로 자수성가한 사람이었다. 부와 햄프턴즈의 지위에 힘입어 쌍둥이는 코네티컷주 그린위치의 브런즈윅 고등학교에 입학했고, 이곳에서 성공적인 조정선수

생활의 첫발을 내딛게 된다. 일찍이 주어졌던 이러한 기회들은 그들을 하버드 대학교, 나아가 마크 저커버그와의 운명적 만남까지 이끌어준다. 여기가 영화에 나온 부분이다. 하지만 여러분이 모르는 사실이 하나 있다. 이들의 족보가 하버드의 가장 비밀스럽고 엘리트적인 남학생 모임인 포셀리안 클럽에 '발탁'될 수 있게 해주었다는 것이다.

여러분도 대학 시절 참여했던 동아리나 사교모임에 대한 좋은 기억이 있을 수 있겠지만, 단언컨대 그 누구도 후술하는 바와 같은 조직에 참여했던 적은 없을 것이다.

1791년에 설립된 포셀리안 클럽은 남학생 전용 모임으로, 현존하는 미국 사교모임 중 가장 오래되었다. 대부분 명문가 자제들로 구성되어 있으며(이 점은 근래 변화하고 있지만), 프랭클린 루스벨트 대통령이 본인 인생의 가장 큰 실망으로 꼽은 점이 포셀리안에 발탁되지 않은 것이라 하였다고 알려져 있을 정도이다. 은밀한 포셀리안 클럽에 관한 배경 정보의 출처는 대부분 엄청난 내용을 담은 한 기사다. Sedwick, John. 'Brotherhoood of the Pig.' GQ: Gentlemen's Quarterly 58, Nov. 1988.

성직자나 마피아 단원이 되는 것처럼 포셀리안 일원이 되었을 때의 충성심은 대부분의 다른 세속적인 것과는 차원이 다르다. 누군가는 클럽을 향한 자신의 유대감이 너무나도 고귀하여 이를 체감할 수는 있지만, 그 정도는 헤아릴 수는 없다고도 하였다. 멤버십은 죽을 때까지 유지되며, 심지어 몇 명은 클럽 부지에 묻혀 있기도 하다.

타 아이비리그 사교모임들이 능력에 기반을 두어 구성원을 모집하는 것과 달리, 포셀리안은 미덕, 남자다움, 매력이라는 조금은 더 모호한 덕목들을 요구한다. 유능한 젊은이들의 음주 모임보다는, 영향력 있고 헌신적인 평생의 친구 모임에 가깝다고 볼 수 있다.

클럽 멤버들은 상당히 잘나가는 편이다. 과거 멤버 명단에는 시어도어 루스벨트 대통령, 대법관 몇 명, 다수의 군 지휘관들과 산업의 저명한 거물들 그리고 하버드 총장이 몇몇 있다. 달리 말하면 이런 '친구 모임'을 통해 미국의 비즈니스, 정치, 사회 부문의 상위층과 일평생의 핫라인을 제공받는 것이라고 할 수 있다.

클럽의 모든 특이점, 비밀, 구호, 서약은 모두 하나의 목표를 지향한다. 영향력 있는 사람들과 평생의 관계를 대대로 공고히 하는 것. 클럽의 좌우명인 "어제, 오늘 그리고 영원히 지금처럼"은 이러한 점을 여실히 보여준다.

왜 이토록 장황하게 이 클럽에 관해 설명하느냐고? 건축적 명작이라 불리는 보스턴의 트리니티 교회Trinity Church의 건축가 헨리 리처드슨H. H. Richardson의 이야기를 인용해보겠다.

"리처드슨이 건축가로 선정된 이유를 돌이켜 생각해보았을 때, 당시 서른네 살이었던 그는 다른 후보자들에 비해 엄청난 우위에 서 있었다. 하버드 학부생 때부터 유명했던 그는 명망 있는 포셀리안의 멤버였고, 이는 교구 목사와 열한 명의 건축위원회 위원 중 다섯 명에게 그를 별도로 소개할 필요가 없다는 뜻이기도 했다. 그들 또한 포셀리안 멤버였기 때문이다.”

윙클보스 형제는 이미 누려오고 있던 일평생의 놀라운 특권에, 포셀리안 멤버라는 또 하나의 평생 특권을 얻게 된 것이다.

페이스북 이후의 삶

2004년, 윙클보스 형제는 마크 저커버그가 자신들의 소셜 네트워킹 아이디어와 페이스북의 기초가 된 초기 컴퓨터 코드 중 일부를 훔쳐 갔다며 그를 상대로 소송을 걸게 된다. 소송은 4년간 계속되었다. 그동안 이들은 무직의 상태로 2008년에 있을 베이징 여름 올림픽 참전 요건을 충족하기 위해 세계 곳곳에서 훈련 및 조정 경기들에 참여한다(그들은 올림픽에서 6등을 했다). 비록 아마추어 운동선수들에 불과했지만, 웬일인지 이들에게는 지금의 미국에서 가장 강력한 회사 중 하나인 페이스북을 상대로 무려 4년간의 소송을 유지할 자원이 있었다.

저커버그와의 최후 협상에서, 페이스북 설립자는 6,500만 달러를 지급하며 타협하기로 한다. 변호사들의 조언을 뒤로한 채 윙클보스 형제는 그중 4,500만 달러를 주식으로 받았고, 이는 훗날 이들이 했던 선택 중 가장 잘한 것으로 판명된다. IPOInitial Public Offering, 기업공개 6년 후 주가는 다섯 배가 뛰어있었고, 당시 이들의 지분은 약 5억 달러로 추정되었다.

조정선수로서의 커리어가 끝나자 윙클보스 형제는 확보된 합의금을 활용해 실리콘밸리 신생 기업들에 투자하며 첨단 기술 산업에 복귀하기를 희망했지만, 짙게 드리운 저커버그의 그림자로 이것이 불가능함을 깨닫게 된다. 실리콘밸리의 모든 기업이 목표하는 종반전은 '자신의 회사를 페이스북에 매각하는 것'이었고, 그러한 상황에서 저커버그가 세상에서 가장 중오하는 두 사람의 성씨를 기록에 남기고 싶어 할 기업이 있을 리 만무했다.

실의에 빠진 형제는 슬픔에서 헤어나오기 위해 이비사 섬으로 향하게 된다. 이비사 섬은 지중해에 있는 스페인 열대 제도에 속해 있으며, 자연 그대로의 해변과 트렌디한 클럽들로 유명한 곳이다. 구릿빛 피부의 아름다운 사람들로 가득한 해변가 클럽 '블루말린'에서의 우연한 만남은 이 형제의 모든 것을 바꿔놓게 된다. 그곳에서 데이비드 아자르David Azar라는 자에게 비트코인Bitcoin이라는 가상화폐에 대해 듣게 된 것이다.

그들은 처음엔 비트코인이 사기라고 생각했다. 하지만 이면의 논리를 깊이 탐구할수록 점점 비트코인의 실체뿐 아니라 그것의 유의미한 전망까지 신뢰하게 되었다. 비트코인의 현실성에 대해 확신을 얻은 후,

윙클보스 형제는 페이스북에서 받은 합의금 중 일부를 투자한다. 당시 수량이 한정되어 있던 전체 코인의 1%에 해당하는 12만 개를 구매하는 굉장한 도박을 한 것이다. 그렇게 예상 밖에 이루어진 인생 제2막에서 타일러와 캐머런 윙클보스는 세계 첫 비트코인 백만장자가 되었다. 그리고 페이스북이 독자적 암호화폐 플랫폼을 출시할 때, 마크 저커버그는 그의 오랜 경쟁자들에게 연락해 조언을 구했다고 한다. 이는 비즈니스계에서 역대 가장 달콤한 복수극으로 알려져 있다.

우리는 윙클보스 재산이 혜택에 거듭된 혜택들로 축적되었음을 알 수 있다. 고등학교, 하버드, 포셀리안, 페이스북 횡재, 이비사 섬, 비트코인. 몇십억 달러. 거의 필연적이라고 느껴질 정도다. 이는 성공의 복리의 극단적 예시지만, 세상 일부에겐 이것이 일상이기에 유용한 예시가 된다. 그러나 나는 그런 세상에서 자라지 않았고, 아마 당신도 마찬가지일 것이다. 그러니 우리는 다른 방식으로 시스템을 운영해야 한다.

초라한 출발점

성공의 복리 운영방식에 관한 탐구는 1968년 컬럼비아대학교 교수 마이어 로버트 슈콜닉Meyer Robert Schkolnick으로부터 시작된다.

마이어는 1904년 사우스 필라델피아 슬럼가로 이민해온 가난한 러시아 유대인 가정에서 태어났다. 그는 "우리는 소위 '도움받아 마땅한 빈곤층deserving poor'의 삶을 살고 있었다."라며, "특히, 자녀들은 지금보다 분명 상황이 어떻게든 나아지리라는 맹목적 믿음만 붙들고 살았다."라고 훗날 기록했다.

이민자 가족이 새로운 조국에서 밥 벌어먹는 것은 혹독했으며, 그의 아버지가 운영하던 무보험 유제품 가게가 화재로 재가 되었을 때, 안 그래도 어려웠던 상황은 그야말로 재앙이 되었다. 마이어는 고군분투하는 가족들을 돕기 위해 어린 나이부터 시간제 근로자로 일해야 했다.

마이어는 학교를 불규칙적으로 다녔음에도 불구하고 진지한 학자가 되었다. 다섯 살 때부터 홀로 인근 카네기 공립 도서관을 찾아가 과학책, 역사책 그리고 특히 위인전기들을 탐독했다고 한다. 워낙 방문이 잦았던지라 도서관 사서들은 그를 한 식구로 여기게 되었다.

성인이 된 그는 "궁핍해 보이기만 했던 남부 필라델피아 슬럼가가 이 도서관을 통해 한 어린아이에게 모든 형태의 자본을 제공해주었다. 사회적 자본, 문화적 자본, 인적 자본⋯⋯. 금전적 자본만 제외하고 말이다."라고 회상하였다.

어린 마이어는 동네 친구의 영향을 받아 미술공연의 꿈도 키우며 무대에서 사용할 예명을 '멀린Merlin, 아서왕 이야기에 나오는 마법사의 이름'으로 지었으며, 이민자 성씨를 '미국화'시킬 때 티가 덜 나는 '머튼Merton'으로 정하게 된다. 그는 로버트 킹 머튼Robert King Merton으로 불렸고, 이를 템플대학교에서 장학금을 받을 때 그리고 훗날 하버드에서도 법적이름으로 사용했다.

로버트 K. 머튼은 '롤 모델role-model', '자기충족적 예언self-fulfilling prophecy', '비의도적 결과unintended consequences'와 같은 익숙한 용어들을 창조하며 마침내 현대 사회학의 아버지로 불리게 된다. 머튼은 이민자라는 태생적 배경과 사회에서 인정받기 위한 평생의 고군분투를 단한 번도 잊지 않았으며, 이는 그가 마태 효과Matthew Effect라 칭한 개념의 탄생에 영향을 미쳤다.

부유한 사람들은 계속 부유해진다

연구자이자 대학교 교수였던 머튼은 주변의 흥미로운 아이디어들에 늘 귀 기울였다. 그리고 무려 1940년대에 '과학계에 존재하는 사회계층'에 관한 보고서가 그의 관심을 끌었는데, 머튼은 무려 1942년에 과학계의 계층화가 '인구의 일부에게 주어지는 차별화된 혜택들의 축적'과 관련이 있다고 표현했다. 연구를 진행하던 몇몇 학생들이 "비교적 나이가 많고 학계에 자리를 잡은 학자들이 학생들로부터 불공평하게 공로를 인정받고 있다."라며 불평하는 내용이었다.

이는 머튼의 호기심을 자극했다. 그도 살면서 똑같은 핸디캡을 경험했기 때문이다. 기득권층이 누리는 타고난 혜택들은 워낙 많아 일반 노동자 계층은 그들을 절대 따라잡을 수 없었다. 부유한 사람들은 그저 계속 부유해질 뿐이었고, 혜택은 더 많은 혜택을 생산했다.

머튼 교수는 만성적이고 부당한 불균형이 학계에 존재한다는 가설을 세웠다. 그러나 이를 어떻게 증명할 수 있을까?

마태 효과

머튼 교수는 노벨상이라는 최고의 영예를 수상한 과학자들의 공헌을 심층적으로 분석하는 연구를 시작했다. 당시 조교였던 (훗날 그의 아내가 된)해리엇 주커만Harriet Zuckerman은 노벨상 수상자들과 장시간의 인터뷰를 진행했다. 훗날 로버트 머튼은 연구 모음집을 출판하며 주커만 박사가 그 유명한 〈마태 효과〉논문의 공동 저자로 이름을 올렸어야 했다고 고백했다. 나는 컬럼비아 대학에서 활동하며 이 책을 위한 연구에 흔쾌히 도움을 준 주커만 박사의 노고를 정식으로 알리고 싶다. 로버트 머튼의 가장 역설적인 실수는 여성 과학자들을 연구하던 역사학자 마거릿 로스터(Margaret Rossiter)가 마틸다 효과(Matilda Effect), 또는 여성의 과학적 연구에의 성과를 과소평가하거나 무시하는 지배적인 경향을 지칭하는 용어를 만드는 데에 영감을 주었다.

노벨상은 세계에서 가장 똑똑한 지성인에게 주어지는 상인데, 주커만은 연구를 통해 이것이 반드시 그렇지만은 않다는 사실을 밝혔다. 수상자 대부분이 자신의 분야에서 평균적인 수준의 공헌을 하였으며, 수상과는 거리가 먼 다수의 과학자가 오히려 과학적 발견에 훨씬 크게 이바지한 것으로 드러났다.

노벨상 수상자가 되면 평생 최고의 시설과 가장 유능한 조교들 그리고 자신의 가치 향상에 필요한 다른 모든 혜택에 접근할 수 있게 된다. 과학적 기관에 의해 의도치 않게도 가장 저명한 '유명 인사'들에게 더 많은 성공과 지위 상승의 기회가 주어지게 되면서 계급 구조가 형성되는 꼴이다.

머튼은 이 연구 결과를 '과학계에서의 마태 효과 : 과학계의 보상과 커뮤니케이션 시스템에 관하여The Matthew Effect in Science: The Reward and Communication Systems of Science are Considered'라는 유명한 글에 기재했다.

제목에 있는 마태 효과의 '마태'는 마태복음 13장 12절에 있는 유명한 구절에서 비롯되었다. "무릇 있는 자는 더욱 받아 풍족하게 되고, 없는 자는 있는 것까지도 빼앗기리라." 정확히 짚고 넘어가자면 이 성경 문구는 물질적 소유를 언급하는 것이 아니다. 학자들의 대다수는 예수의 '영적 진리'와 '가르침에 대한 이해'가 있는 하나님의 자녀들에 관한 이야기라고 분석한다. 진리를 다른 이들과 나눈다면 더 많은 진리가 주어질 것이고, 반면 진리가 적고 다른 이들과 나누지조차 않는 자들은 이를 잃게 되며, 그자에게 진리나 이해는 없을 것이라고 한다. 조금 덜 장엄하게 표현하자면, '빈익빈 부익부'를 뜻한다.

이를 고대 문서에 기재되어 있는 공허한 하소연으로 과소평가해서는 안 된다. 머튼과 주커만은 마태의 말이 사실임을 증명했다. 시간이 지나며 사회과학자들은 마태 효과가 학계에만 존재하는 것이 아니며, 경제, 정치, 교육, 문화와 사회적 지위에 존재하는 불평등에도 확대 적용됨을 알게 되었다.

머튼의 논문이 처음 발표되고 50년이 지난 오늘날 마태 효과는 성공의 복리로 더 흔히 알려져 있다. 나는 다른 많은 이들과 마찬가지로 이 책에서 '마태 효과'와 '성공의 복리'를 구별 없이 사용하고 있다. 그러나 머튼 박사의 조교이자 훗날 아내가 된 해리엇 주커만 박사가 내 연구에 도움을 주기 위해 제공해준 미출판 논문을 통해, 비록 두 개념이 시간이 지나며 동일시되었지만, 사실 엄연히 다르다는 것을 알게 되었다. "마태 효과의 요지는 머튼이 지적한 바와 같이 과학자들이 고의로, 혹은 자신도 모르게 비교적 저명한 과학자들에게는 더욱 크게 보상하는 반면, 그들과 똑같거나 동일한 수준의 공헌을 한 덜 유명한 이들은 홀대한다는 것이다. 그리고 성공의 복리의 요지는 이미 혜택을 많이 받은 사람들에게 주어지는 반복된 혜택들이 결국 기회, 성과 그리고 보상의 불평등으로 이어진다는 것이다. 혜택받아 마땅한 이들에게 이것이 불공평하게 주어진다는 가정은 포함되어 있지 않다."

이 개념에 대해 가장 일반적으로 인정되는 묘사는 다음과 같다.

한 개인 또는 단체가 다른 개인 또는 단체에 비해 갖는 비교우위는 시간이 지날수록 커지게 되며, 동시에 그 혜택으로 인한 불평등 또한 확대된다.

성공의 복리는 시간이 지날수록 작은 차이들을 증폭시켜 뒤처진 사람은 따라잡기 어려운 상황을 만든다.

- 연구에 의하면 초기 우위를 누리고 시작하는 자들은 결국 직장에서의 직위, 부, 사회적 지위, 교육의 기회와 건강의 측면에서까지 우위를 점하게 된다.
- 마태 효과는 오스카상 후보자들과도 연관된다. 오스카상에서 나타나는 소위 '베스트셀러 효과Best Seller Effect'는 가시적으로 드러나는 집단적 승인이 경쟁의 결과에 미치는 영향을 설명한다. 마이클 셔머Michael Shermer는 '시장의 심리Mind of the Market'에서 베스트셀러 효과를 마태 효과와 동일한 것으로 보며, "마케팅 쪽에서는 이를 성공의 복리로 알고 있다."라고 한다.
- 4개 스포츠 리그의 2만 명의 운동 선수들을 대상으로 진행된 한 연구는 어린 나이부터 조기 코칭의 혜택을 누렸던 자들이 더 길게 일하고 돈도 더 많이 벌게 된다고 밝혔다.

간단한 예시

연구에서 흔히 사용되는 성공의 복리 예시를 보여주겠다.

성공의 복리와 은행 계좌

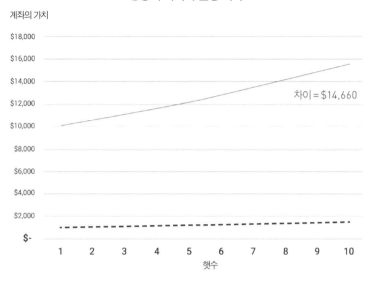

계좌의 가치

차이 = $14,660

햇수

다른 모든 조건은 동일한 두 사람이 있다. 한 명은 은행 계좌에 1,000달러로 인생을 시작하고 다른 한 명은 1만 달러로 시작한다고 가정해보자. 매년 5%의 복리가 가산된다면, 첫해에 전자는 50달러, 후자는 500달러를 추가로 얻게 될 것이다.

첫해에 두 계좌에 있는 돈은 9,450달러의 차이를 보이지만, 10년이 지나면서 그 격차는 무려 1만 5,000달러에 육박하게 된다. 20년 후에는 거의 2만 4,000달러로 커지게 되고…… 이렇게 평생 계속된다. 그래프에 있는 하단의 점선은 돈이 적게 들어있는 계좌를 나타내는데, 이 추세선은 알아보기조차 힘들다!

이제 더 부유한 사람의 계좌에 첫해부터 10만 달러 혹은 자그마치 100만 달러가 들어있다고 상상해보자. 불평등은 더욱 빠르게 누적될 것이다.

그 정도 혜택으로는 코네티컷주 사립 고등학교를 나오고, 하버드에서 교육받고, 은밀한 사교 클럽의 회비를 내고, 소송사건에서 가장 유능한 변호사를 고용하고, 영향력 있는 투자자들과 어울리기 위한 이비사 섬 여행을 감당할 여유가 생길지도 모른다.

반면 불리하게 시작한 사람은 자신의 선 어딘가에서 전략적인 추동력을 얻지 않는 이상 뒤처진 상태에서 벗어나지 못할 것으로 보인다.

추동력의 원료가 되는 초기 우위가 꼭 돈일 필요는 없다. 독특한 자원의 접근성, 영향력 있는 친구들의 지원, 또는 학교 고급반에 배정되는 일일 수도 있다.

마이크로소프트창시자 빌 게이츠는 미국 내에서 초기 컴퓨터 프로토타입에 접근 가능한 몇 안 되는 청소년 중 한 명이었다는 이유만으로 성공의 복리를 얻게 되었다. 덕분에 그는 또래보다 빠르게 숙달된 코딩 능력을 갖추게 되었다.

전직 미국 대통령 후보이자 뇌 외과 의사로 널리 인정받는 벤 카슨 Ben Carson 박사는 끔찍한 범죄와 빈곤 속에 자랐다. 문맹이었던 어머니는 아들들이 자신에게 매주 독후감을 하나씩 읊어주기를 원했고, 그

덕에 형성된 독서 습관은 책을 향한 벤의 욕망에 불을 지폈다. 한 연구에 의하면 독서 능력의 이른 습득이 장기적으로 유의미한 학업 상의 이점으로 이어지지만, 3~4학년 전에 이를 배우지 못한다면 평생 학습 상의 문제를 안고 가야 할 수도 있다고 한다.

게이츠의 '컴퓨터 접근성 혜택'과 카슨의 '수백 권의 책을 읽은 혜택'을 위의 은행 계좌 예시처럼 그래프에 그려 넣을 수 있다면 앞서 보았던 것처럼 이 리더들과 동료들 사이에 점점 벌어지는 격차를 목격할 수 있을 것이다.

사회학자들은 워낙 빈번하게 이런 불균형을 기록해왔기 때문에 작은 비교우위의 진화를 계산하는 수학적 모델까지 개발하기에 이르렀다. 계산식 중 하나는 다음과 같다.

$$
\begin{aligned}
Y_{it} - Y_{it-1} &= \alpha(\delta Y_{i,t-1} + \omega_{it}) + \beta' X_{it} + \upsilon_{it} \\
&= \alpha \delta Y_{i,t-1} + \beta' X_{it} + \alpha \omega_{it} + \upsilon_{it} \\
&= \gamma Y_{i,t-1} + \beta' X_{it} + \varepsilon_{it}.
\end{aligned}
$$

마태 효과에서의 증명된 이점은 전혀 없지만, 이 공식을 책에 넣은 이유는 단지 세련된 과짜 같아 보이기 위함이니 안심해도 좋다.

말콤 글래드웰Malcolm Gladwell은 그의 저서《아웃라이어Outliers / 김영사, 2019》를 통해 마태 효과에 대한 대중적 관심을 끌었는데, 이 책은 꽤 추천할만하다. 그는 무일푼에서 부자가 된다는 허황된 생각을 산산조각내었다.

"우리는 무에서 유를 창조하지 않는다. 우리는 부모와 후견인에게 뭔가를 빚진다. 왕 앞에 서는 이들은 모든 것을 스스로 해낸 것처럼 보이지만 사실 그들은 숨겨진 이점과 특별한 기회 그리고 문화적 유산의 혜택을 누리고 있으며 바로 그러한 요소들이 그들로 하여금 다른 이들과 달리 열심히 배우고 일하고 세상을 바라보도록 해준다.

언제 어디에서 성장했느냐의 문제는 큰 차이를 만든다. 우리가 속한 문화와 선조로부터 물려받은 것은 성취의 방향을 결정한다. 따라서 성공한 사람은 어떤 종류의 사람인가를 묻는 것만으로는 충분치 않다. 그들이 어디에서 왔는가를 알아야만 어떤 사람은 성공하고 또 어떤 사람은 성공하지 못하는 현상의 이면에 깔린 논리를 밝힐 수 있다."

사회적 함의

지금 당신은 마태 효과가 세계 곳곳에서 일어나는 사회적 불안과 관련되어 있을 것이라는 생각을 하고 있을지도 모른다. 광범위한 사회적 함의를 내포하고 있다는 생각이 들 수도 있다.

그 추측은 옳다.

사회적 지위가 가져오는 혜택들은 오늘날 전 세계적으로 경제적 격차와 시민들 간 불균형의 근원이 된다. 몇 가지 선천적 특징들을 나열해보자면 미국에서는 신체 건장한 이성애자 백인 남성으로 태어나는 것만으로도 사회적 우위를 점할 수 있다.

마태 효과는 어떤 아이디어에 힘을 실어줄 수도 있지만, 동시에 불평등과 억울함을 유발하고 성공할 자격이 있는 자들을 방해하는, 눈에 보이지 않는 카스트 제도를 낳을 수도 있다.

이야기의 흐름을 잠시 끊고 책의 범위와 관련해 내가 내린 결단을 잠시 설명하겠다. 위의 마지막 문단만으로도 방대한 책 한 권을 쓰는 것이 가능하므로 누군가 꼭 그렇게 해주길 바란다. 아쉽게도 나는 적임자가 아니다. 비록 이 책을 마무리하며 이에 대한 개인적인 생각을 짧게 덧붙이겠지만, 이 막대하고 중요한 기회를 나보다 적합하고 열정 넘치는 작가들을 위해 남겨두고자 한다.

다음으로 내 관심사에 대해 설명하고자 한다. 당신도 이에 흥미를 가지고 책을 읽었으면 좋겠다. 우리는 성공의 복리가 비즈니스와 사회의 모든 곳에 존재한다는 사실을 알고 있다. 그리고 이는 우리에게 유리하거나 혹은 불리하게 작용하고 있다. 그렇다면 누구나 성공의 복리를 체계적으로 활용해 성공할 방법이 있을까?

로버트 머튼의 성공의 복리에 대한 본래의 묘사는 감질나는 단서로 우리를 도발한다. 그는 "상쇄시키는 과정들countervailing processes이 없다면 가진 자와 가지지 못한 자의 격차는 계속 벌어질 것"이라 한다.

머튼은 우리가 격차를 상쇄시키는 과정들을 발견하고 이를 인생, 커리어와 사업에 적용한다면 평생의 문제를 해결할 수 있다는 암시를 준 것이다. 그런데 그 상쇄시키는 과정들이 대체 무엇인지 명시적으로 알려주지는 않는다!

나는 이를 알아내기 위해 지난 2년의 세월을 보냈다. 그리고 이 책을 통해 나의 경험을 공유하려 한다.

우위의 기반들

'뜻밖의 성공을 생산하는 기계Mr. Unlikely-Success-Machine'와도 같은 팀 페리스의 사례를 다시 살펴보자. 성공의 복리 추동력이 어떻게 작용했을까?

팀 페리스는 똑똑하고 야망 있는 자였지만 윙클보스 형제는 아니었다. 자신만의 터빈을 작동시키기 위해 그는 어떠한 초기 우위initial advantage를 개발해야만 했는데, 실제로 이는 상대적으로 작은 하나의 아이디어에 불과했다. 더 적게 일하면서 더 풍요로운 삶을 누릴 수 있게 해주는 독특한 접근법. 대부분의 출판사는 이를 경멸했지만 결국 이 아이디어는 엄청난 성공의 기폭제가 되었다.

더불어 팀 페리스는 자신이 일군 성공의 대부분이 좋은 타이밍에 기인했다고 말한다. 그는 사람들의 진을 빼고 꿈과 인간관계를 앗아가는 비이성적인 '허슬 문화hustle culture, 개인 생활보다 업무와 열정적으로 일하는 것을 중시하는 문화'가 만연할 무렵 이 책을 출판했다. 일주일에 네 시간만 일하면 된다고? 그 누가 마다하겠는가! 그런데 팀 페리스는 이때가 자신의 아이디어를 관철하기 위한 적기라는 것을 어떻게 알았을까? 그는 기회의 틈seam of opportunity이 보였을 때 전력을 다해 비집고 들어갔다.

한편 팀 페리스는 자신의 아이디어 홍보를 위한 탄탄한 '음속 폭음sonic boom of promotion'을 만들어 성공 가능성을 더욱 공고히 했다. 책이 출간되면 그의 생각을 홍보할 의향이 있는 막강한 블로거들과 관계를 맺었다.

막강한 동지들은 그의 통찰력과 접근성을 높여 주었다. 터빈이 작동하기 시작하자 그는 초반에 일궈낸 성공을 강력한 멘토링 관계 구축에 활용했고 이를 통해 투자 기법과 유망한 스타트업 기업들을 평가하는 방법을 전수받았다. 새로운 동지들의 존재는 그에게 신빙성을 부여했고, 오프라 레이더망으로의 진입과 더 많은 권력, 지식과 자원으로의 접근을 허락했다.

마지막으로 팀 페리스에게는 목표의 일관성constancy of purpose이 있었다. 그는 하나의 아이디어나 한 권의 책에서 멈추지 않았다. 좋은 선택들의 연속으로 추동력을 유지했다. 《나는 4시간만 일한다》의 성공후 팬들에게 최소한의 시간과 노력을 통한 개개인의 목표 달성 방법을지도하는 커리어를 시작했고 이를 위해 집필, 강연, 워크숍을 활용했다.

이 책의 전반을 구성하는 나와 팀 페리스의 '추동력 경쟁'은 하나의중요한 교훈을 전달하기 위한 엉뚱하고 흥미로운 장치다. 팀 페리스의 추동력에 이바지한 다섯 가지 요소들은 내가 사만다 스톤Samantha Stone과 마케팅 자문 네트워크를 통해 후원한 연구에도 기록되어 있다.
이 연구는 174명의 익명의 경영주들을 대상으로 진행되었다. 그중 약 78%가 미국인이었다.

우리는 경영자들의 아이디어를 수익성 있는 사업으로 발전시켜주는추동력의 요소들을 식별하고자 했다.

이 요소들은 당연히 경영자들의 세계에만 국한되는 것이 아니다. 추동력 획득 방법은 그 어떤 아이디어에도 적용 가능하다. 사회적 대의,정치적 플랫폼, 예술운동 등에도 마찬가지다. 우리가 조사 대상으로 삼은 집단이 그저 분별과 측정에 있어서 상대적으로 수월했을 뿐이다.그들은 성공했는가, 실패했는가? 성공의 비결은 무엇이었는가? 창업자

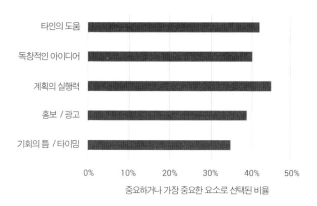

추동력에 가장 큰 영향을 미친 요소

타인의 도움	
독창적인 아이디어	
계획의 실행력	
홍보 / 광고	
기회의 틈 / 타이밍	

0%　10%　20%　30%　40%　50%

중요하거나 가장 중요한 요소로 선택된 비율

들에게 추동력에 가장 크게 이바지한 요소가 무엇인지 물어보았을 때 그들은 다음과 같이 대답했다.

다섯 가지 요소들 모두 중요도 차원에서 비등비등했다.

팀 페리스의 사례와 내 연구에서 도출되는 공식은 앞으로 우리가 이 책에서 사용하게 될 지침서다. 우리가 태생적으로 성공의 복리를 타고 난 것이 아니라면, 대안적으로 다음의 단계를 통해 시스템을 우회해 우리에게 유리하게 작동시킬 수 있다.

❶ 초기 우위 식별하기

❷ 좋은 타이밍에 기회의 틈 발견하기

❸ 홍보의 '음속 폭음'을 활용해 프로젝트에 대한 유의미한 관심 끌어내기

❹ 막강한 아군들에게 손을 더 멀리, 더 높이 뻗어 보다 높은 궤도에 진입하기

❺ 목표의 일관성과 계획을 행동으로 옮기며 추동력 쌓기

이는 이런 형태를 띠게 된다.

성공의 복리를 위한 탐구를 시작해보자. 우리의 성공 추동력을 작동 시킬 하나의 작은 우위를 어디에서 발견할 수 있을까? 그 답은 의외의 곳에 존재하며, 모든 곳에서 발견된다.

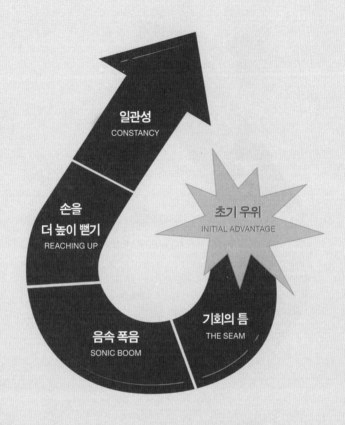

초기 우위

"부정적인 세력들을 제압하고
내가 타고 있는 마차에 묶어놓을 수 있다면
이들은 나에게 유리하게 작용할 수 있다."

잉그마르 베르히만 Ingmar Bergman

PART 02

해나의
작은 불씨

One Small Spark

내가 기업 마케팅 커리어의 정점에 있을 때, 첫 이커머스 전자 상거래 팀을 이끌어달라는 부탁을 받았다. 어떤 이들은 이를 내 커리어의 사형 선고로 여겼다. 당시 나는 회사에서 가장 중요한 사업 부문에서 글로벌 마케팅으로 승승장구하고 있을 때였다. 그런 내가 왜 군이 인터넷 같은 미지의 세계에 모험을 하겠는가?

하지만 내겐 인터넷이 미지의 세계가 아니었다! 정보통신이 처음 등장했을 때 나는 상사에게 이런 부탁을 했다.

"인터넷이라는 것이 꽤 중요한 것 같습니다. 법인 명의로 AOL 미국 최대의 PC 통신망 중 하나을 구독해 제 지출 계정에 넣고 싶습니다."

짧은 숙고 끝에 이는 받아들여졌고, 나는 포춘 100 Fortune 100, 미국 경제전문지 포춘이 매년 선정하는 일 하기 좋은 100대 기업에 속하는 이 회사에서 처음으로 승인된 인터넷 구독자가 되었다. 내가 빌 게이츠는 아니었지만, 내 동료들에 비해 즉각적인 우위를 가지게 된 것이다!

월드와이드웹 World Wide Web에 대해 더 알아가며 나는 회사가 온라인으로 고철을 거래할 수 있는 새롭고 가치 있는 프로세스들을 개발하기 시작했다. 이는 B2B Business to Business, 기업과 기업 사이에 이루어지는 전자

상거래. 경제용어 시장으로는 거의 최초였고 상당히 괜찮은 아이디어였다.

몇 년 후, 우리 회사는 드디어 이 분야에 눈을 뜨고 이커머스 전략에 수백만 달러를 투자하려 했다. 회사는 이 새로운 모험을 이끌어갈 리더가 필요했다. 이전의 AOL 지출 계정 덕에 마케팅 경영진 중에서는 내가 회사에서 유일한 인터넷 유경험자였다.

대부분의 회사 리더들이 컴퓨터를 켜는 법조차 모르던 그 시절에 내가 맡았던 첫 '인터넷 임무'는 이 글로벌 회사의 디지털 세계로의 항해를 안내하는 것이었다. 이메일 사용조차 거부하는 내 상사를 시작으로 나는 이런 변화에 적잖은 저항이 따를 것으로 예상했다. 나에겐 아무런 권한이 없었다. 우리 회사는 45개의 독립된 비즈니스 단위로 구성되어 있었다. 성공하려면 각 부문의 책임자들에게 우리 팀 설립 취지와 예산이 필요한 이유를 조목조목 설명해야만 했다.

당시에는 몰랐지만, 우리 부서 추동력의 원천은 아이디어나, 전략, 또는 예산의 횡재가 아니었다. '우리는 최초였고, 폼났다.' 바로 이것이 추동력의 원천이었다.

처음 배정받은 예산으로 나는 모든 부서를 관통하는 이커머스 플랫폼을 개발하고 이를 상업화하기 위해 사내 인터넷 스타트업을 성공적으로 설립했다. 이는 최첨단 사업이었고 많은 유능한 직원들이 우리와 함께하고 싶어 했다. 한 가지 확실히 해두자면 우리는 이 프로젝트를 2001년에 개시했다. 이는 페이스북이 시작되기 3년 전이다. 그러니 우리가 시대에 앞서가고 있었음은 명백하다. 그리고 그게 참 폼났다.

이커머스 비전이 현실화되자 나는 사람들에게 우리가 무엇을 하고 있는지 이해시키기 위해 작지만 측정 가능한 업적들을 미친 듯이 홍보하는 전략을 취했다. 이내 우리의 성공이 추동력을 얻게 되며 나는 더는 각 부서에 아이디어를 피력할 필요가 없어졌다. 되려 그들이 나를 찾아오기 시작했다.

우리의 온라인 매출은 다음과 같았다.

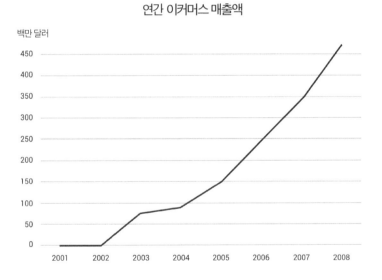

연간 이커머스 매출액

추동력에 속도가 붙자 나는 더 많은 사람과 자원 그리고 관심을 얻게 되었다. 내가 상사를 설득해 얻어낸 다이얼 접속은 승진으로 이어졌고, 이는 최첨단 이커머스의 세계로 나를 인도했으며, 이커머스는 디지털 마케팅 관련 컨설팅, 지도 교육, 연설, 집필로 나를 인도했다. 오늘날 내가 있는 곳으로 말이다. 우위가 다른 우위로 이어진 형국이다.

경주는 계속된다

앞서 말했던 추동력 비교Paths of Momentum로 돌아가 보자.

내가 만약 내 상사에게 AOL 인터넷 계정을 요청하지 않았더라면 아마 지금 이 책을 쓰고 있지 않았을 것이다. 이러한 초기 우위를 통해 나는 소중한 경험을 쌓았고 커리어에 추동력을 얻을 수 있었다. 지금의 연설가, 작가, 디지털 마케팅 컨설턴트로서의 나는 어떠한 대단한 비전과 계획의 산물이 아니다. 내 커리어는 그 작은 불씨로부터 시작되었다. 거의 50세가 될 때까지도 내가 책을 쓸 거라고는 전혀 생각지 못했었다. 그러나 나는 51세에 처음으로 돈을 받고 연설을 하게 되었다. 이 모든 성공은 일하면서 인터넷 사용을 해도 되는지 소심하게 상사에게 문의한 그 한순간으로 거슬러 올라간다. 당시엔 아주 획기적인 생각이었다!

팀 페리스는 어땠을까? 무엇이 그를 자기계발계의 권위자가 되도록 영감을 주었을까?

그는 여자친구를 잃었다. 대학 졸업 후 팀 페리스는 영양제 회사를 창업하고 과로로 죽을 정도로 일했다. 그의 끝없는 허슬 생활양식에 희생된 것 중 하나는 장기 연애였다. 심리적 및 신체적 자멸의 위기로 내몰린 그는 회사를 매각한 후 무엇이 잘못되었는지 파악하기 위해 수년을 쏟았다. 무언가 바뀌어야 했다. 그는 스타트 업이라는, 스스로 만든 감옥으로부터 탈출하는 작업을 시작했다.

팀 페리스는 그의 삶에 평화와 기쁨을 가져다줄 수 있는 생활의 묘책들을 발견하고, 실험 및 발전시키는 것에 집착하며 세계여행을 했다. 그리고 이러한 묘책들이 그가 책을 쓰는데 기반을 이루는 아이디어가 되었다. 특이하게도 여자친구의 이별 통보가 그를 현재의 위치로 이끌어주는 과정의 시발점이 된 것이다.

자, 이쯤되면 이제 조금 이상하게 느껴지는 수준을 넘어섰을 것이다. 우리 둘 모두에게 기념비적인 커리어 전환점의 시작은 바로 '평범한 인생의 사건들'이었다. 우리는 꿈을 좇고 있지 않았다. 계획도 없었고, 전략도 없었고, 심지어 아하 모먼트aha moment, '아하!' 하는 깨달음의 순간도 없었다. 성공의 복리로 이끌어준 추동력의 촉매제는 '이상하고도 우연한 사건'이었다. 그리고 알고 보면 보통 거의 항상 이런 식으로 작동한다.

성공은 사건들의 충돌이다

연구자인 프랜스 요한슨Frans Johansson은 자신의 저서《클릭 모먼트 : 행운과 능력이 교차하는 결정적 순간의 힘The Click Moment: Seizing Opportunity in an Unpredictable World / 알키, 2013》를 통해 모든 성공은 '클릭 모먼트click moment'에서 시작된다는 아이디어를 내놓았다. 이는 당신의 작은 우위를 형성하는 사람과 아이디어 그리고 상황들의 충돌을 의미한다. 성공을 거둔 사람들에게는 행운과 능력이 교차하는 결정적인 순간이 존재한다. 이들은 모두 뜻밖의 운 좋은 만남, 느닷없는 각성의 순간, 계획하지 않은 사건들이 최고조에 달한 순간을 경험했다. 프란스 요한슨은 이 순간을 '클릭 모먼트'라 부른다. ─ 편집자 주

요한슨에 따르면 거의 모든 중대한 발견들은 이러한 순간에서 시작된다. 예를 들면, 1963년에 미국 영상의학과 의사 찰스 도터Charles Dotter는 진단 과정에서 폐색된 동맥에 실수로 카테터catheter, 체내에 삽입하여 소변 등을 뽑아내는 도관를 넣었다. 놀랍게도 이 사고는 그의 환자에게 오히려 도움이 되었다.

몇 년 후 또 다른 내과의사는 독일에서 강의를 듣던 중 도터 박사의 발견에 대해 접하게 되었다. 그는 갑자기 어떤 연관성을 발견하며, 관상동맥 안에 들어갈 수 있을 정도로 충분히 작은 고무 풍선을 이용하면 이 치료법을 보다 발전시킬 수 있음을 깨닫게 되었다.

이 '혈관성형술'은 하나의 실수로 시작해 세계에 나왔다. 과학에서 이러한 우연한 발견들이 적잖게 발생하자, 몇몇 역사학자들은 뜻밖의

행운serendipity을 과학 발전의 유의미한 요소로 묘사하기에 이르렀다.

나는 마블 유니버스의 화려한 영화들을 매우 좋아한다. 열다섯 소년 스탠리 리버Stanley Lieber가 1937년 신문 에세이 대회에서 수상하지 않았더라면 이 세상에 아이언맨Iron Man이라는 캐릭터는 존재하지 않았을 것이다. 그가 대회에서 세 번 연속 수상하자 신문사 편집장은 그에게 전문 작가가 될 것을 권유했다. 청소년 신분으로 그가 구할 수 있었던 집필 관련된 일자리는 타임리 코믹스Timely Comics라는 신생 출판사뿐이었다. 회사의 집필진이 갑자기 회사를 그만두자 절박했던 사장은 열아홉 살 리버를 에디터로 승격시켰다. 리버는 만화책 회사에서 일하는 것을 창피해하며 자신의 정체를 숨기기 위해 '스탠 리Stan Lee'라는 예명으로 불리길 고집했다. 이후 스탠 리는 출판업계의 아이콘이자 스파이더맨, 블랙팬서, 엑스맨을 포함한 캐릭터 우주의 창시자가 되었다.

크리스티안 부시Kristian Bush는 내슈빌에서 가장 다작하는 싱어송라이터 중 한 명이며, 그래미 수상자이자 멀티플래티넘multi-platinum, 앨범 200만 장 이상을 판매하면 붙는 명칭 밴드 슈가랜드Sugarland의 멤버로 가장 잘 알려져 있다.

크리스티안은 자신의 인생에 일찍이 있었던 사건들의 결합을 통해 초기 우위를 형성할 수 있었고, 이는 자신의 음악 산업에서의 큰 추동력이 되었다며 나에게 언급한 바 있다. 그것들은 다음과 같다.

- 부시 형제는 어렸을 때 스즈키Suzuki 음악 훈련 프로그램의 파일럿 수업에 가장 먼저 등록했었다.
- 저렴한 카세트테이프 녹음 기술이 상용화되며 그는 스스로 음반 녹음 방법을 터득할 수 있었다.
- 청소년 때 그의 어머니는 아들의 생일선물로 전문적인 음악 스튜디오 출입권을 사주었다.

그는 이를 두고 다음과 같이 말했다.

"열다섯 혹은 열여섯 즈음 나는 이미 음반 회사의 메커니즘을 알고 있었어요. 내가 어떤 결정을 할 때 시간과 돈이 얼마나 필요한지, 어떤 물리적 노력이 요구되는지 그리고 어떤 보상이 주어지는지 알고 있었죠. 이런 특이한 사건들 덕에 고등학생이 되었을 때는 밴드와 음반을 만드는 것에 완벽한 능력을 갖춘 상태였어요. 여자친구를 사귀기 위해 내가 가지고 있던 유일한 무기였기 때문에 그 능력을 유지했죠. 헤드폰을 통해 사람들에게 영향을 미칠 수 있다는 것을 알고 있었어요. 이렇게 축적된 지식은 독특했고, 대형 레코드사와의 첫 계약에서 대단히 큰 이점으로 작용했어요. 나는 내 동료들이 상상조차 할 수 없던 근본적인 지식을 가지고 있었으니까요."

정말 많은 것들이 우연에 의해 좌우되는 것 같지 않은가? 윙클보스 형제도 해변 술집에서 어떤 낯선 이와의 우연한 만남을 통해 몇 십억 달러의 자산을 얻게 되었음을 상기해보라.

내 친구 중 직업적으로 가장 성공하고 힘 있는 스물다섯 명에게 재미로(정말이다) 간단한 질문을 담은 설문지를 돌렸다. '당신은 계획이나 전략으로 성공하게 되었는가? 아니면 우연한 사건을 통해 성공하게 되었는가?' 프랜스 요한슨 말이 맞았다. 모든 이들은 자신의 직업적 성공의 불씨가 우연한 사건으로 인해 불이 붙었다고 대답했다.

성공이라는 숨겨진 세상

성공의 상당 부분이 우연에 달려있다면 왜 우리는 이에 대해 들어보지 못했을까? 왜 이토록 비밀리에 숨겨져 있는가? 그것에는 이유가 있다.

칠레의 사회학자 마리오 몰리나Mario Molina와 마우리시오 부카 Mauricio Bucca는 친구들이 완전히 운에 기반한 카드 게임을 하면서도 이기면 그 승리의 이유가 어떠한 우월한 능력 덕분이라고 주장하는 모습을 포착했다. 이에 영감을 받은 몰라나와 부카는 추가적인 실험들을 통해 이 흥미로운 패턴이 동일하게 계속해서 반복되고 있음을 발견했다. 사람들은 성공했을 때 자신의 노력과 순전한 운의 기여를 거의 분리해서 생각하지 못했다.

"운은 자수성가한 사람들 앞에서 언급해서는 안 되는 것이다."라고 E. B. 화이트E. B. White가 오래전 기록한 바 있다.

경제학자 로버트 H. 프랭크Robert H. Frank와 다른 연구자들에 의하면 오늘의 기업가적 경제 체제 안에서 자수성가한 사람들이 많아지고 있으며, 이들은 그 과정에서 많은 운과 도움을 받았음에도 불구하고 혼자의 힘으로 성공을 이뤄냈다고 믿는 경향이 점점 강해지고 있다고 한다.

당연히 성공에는 많은 노력이 요구된다. 우리가 맞바람을 맞으며 자전거를 타고 있다면 그 차이를 바로 느낄 수 있다. 페달을 더 열심히 밟아야 하며 땀도 나고 몸도 지친다.

그러나 뒤에서 순풍을 맞으며 달리고 있을 때는 다르게 느껴진다. 시간이 지나면 바람의 도움을 인식조차 못 하게 된다. 우리는 강한 바람을 향해 걸어가는 사람들은 쉽게 연상할 수 있지만, 뒤에서 부는 순풍을 상상하는 것은 훨씬 어렵다. 거의 투명한 수준이다.

결론적으로 우리는 운이라는 순풍은 잊기 마련이지만, 맞바람과 우리가 투입한 노고는 절대 잊지 않는다. 그리고 이것이 대중적으로 알려지는 서사가 된다.

대부분의 초기 우위는 운에 의해 좌우된다. 우리가 어디에서 태어났는지, 누구를 만났는지, 살면서 어떤 행운을 만났는지와 같은 것들이다. 그러나 우리는 설명을 그런 식으로 하지 않는다! 그것이 문제다.

프랭크나 다른 이들로부터 제시되는 방대한 증거자료에 의하면 스스로의 재능과 성실함에 더해 '운이 좋았던 사람'으로 바라보는 것이 아닌, '혼자의 힘으로 자수성가한 사람'으로 여기는 것이 덜 너그럽고 덜 공적인 사람으로 만들기 때문이다.

급기야는 운이 좋아 성공했던 자들이 자신의 성공을 가능케 한 그 상황적 조건을 지지하지 않는 상황이 초래될 수 있다(고품질의 사회기반시설과 공교육을 예로 들 수 있다).

심리학자들은 우리가 어떤 사건이 발생한 후에는 그것이 예측 불가능했음에도 예측 가능했었다고 여기게 되는 경향을 '사후 과잉 확신 편향hindsight bias'이라 칭한다. 이는 보통의 수준보다 훨씬 대단한 성공을 거둔 사람들에게서 특히 강하게 나타난다.

클릭 모먼트와 회사

개인의 추동력 불씨는 새로운 조직과 기업을 탄생시키기도 한다. 그 대표적인 예로 나이키Nike를 들 수 있다. 전설적인 육상 코치 빌 바우어만Bill Bowerman은 어느 날 아침 아내와 밥을 먹으며 골치 아픈 문제를 논의하고 있었다.

'바닥에 징이 없는 운동화를 어떻게 개발할 것인가.'

그 때 그는 아내가 와플 굽는 틀에서 와플을 들어내는 것을 보았다. 이는 운명적 순간으로, 바우어만은 한마디 말도 없이 연구실로 달려가 섞었을 때 라텍스합성 고무의 일종가 생성되는 화학 물질 두 통을 들고 돌아왔다. 그는 이를 와플 틀에 부었다. 과연 와플의 작은 '스파이크'들은 트랙을 훼손하지 않으면서 달리는 사람을 편안하게 할 수 있을까?

그는 라텍스 와플 세 개를 더 만들어 신발 하나를 만들었다. 저 질문에 대한 대답은 '그렇다'였다. 실험은 성공적이었다. 그 우연한 순간은 이 신발회사의 전환점이 되었고 글로벌 운동복 제국이 탄생했다.

사라 블레이클리Sara Blakely는 어느 날 자신의 옷장을 불만스럽게 바라보다 스팬스Spanx라는 회사를 설립했다. 그녀는 다음과 같이 설명했다.

"다른 여자들과 마찬가지로 나는 그 속에 무엇을 입을지 몰라 방치한 괜찮은 옷들이 옷장에 많이 걸려있었다. 선택지들이 썩 훌륭하지 못했다. 힘들게 번 돈 전부를 들여 산 크림색 바지도 걸려있었는데, 어느 날 팬티스타킹의 다리 부분을 잘라서 나의 흰색 바지 속에 입고 파티에 갔다. 스타일도 좋았고, 기분도 좋았고, 팬티 라인도 안 보였고, 나는 더 날씬해 보이고 매끄러워 보였지만 팬티스타킹이 밤새 위로 말려 올라왔다. 그리고 그때 '여자들을 위해 이 상품은 존재해야만 한다'는 생각이 들었다.

나는 경영학 수업을 들었던 적이 없었다. 패션이나 유통 분야에서 일했던 적도 없었다. 7년 동안 팩스 기계 방문 판매원 일을 했었고, 5,000달러의 저축이 있었다. 어머니 집에서 막 독립한 상태였고, 남자친구는 멍청했다. 그래, 내 삶은 훌륭했다.

인터넷을 통해 미국 양말류의 대부분은 노스캐롤라이나주에서 생산된다는 것을 알게 되었다. 그곳에 있는 모든 양말류 공장에 전화를 걸기 시작하며 '다리 부분이 없는 팬티스타킹을 만드는 것을 도와달라'고 말했다. 모두가 내 전화를 끊었고, 나는 그렇게 운 없이 몇 달을 시도했다.

남자들에게 여자들을 위한 세상을 어떻게 바꾸고자 하는지 설명하고 있다는 것이 문제였다. 그들은 그 개념을 이해하지 못했다. 전화로는 아무도 나와 이야기하려고 하지 않기 때문에, 나는 일주일 휴가를 내고 상품 제작 설득을 위해 노스캐롤라이나로 직접 운전해 갔다. 그렇게 일주일간 공장들을 불쑥 찾아갔고 소득 없이 애틀랜타로 돌아왔다.

2주 후에 공장 소유주 한 명으로부터 다시 전화를 받았는데 그는 '사라 씨, 당신의 미친 아이디어를 도와줄게요.'라고 했다. 그에게 왜 생각이 바뀌었는지 묻자, 그는 그저 '나에게 두 딸이 있어요.'라고 대답했다. 그는 내 아이디어를 딸들에게 물어보았고 그들은 '아빠, 그 아이디어는 정말 훌륭하고 충분히 설득력 있어요. 그녀를 도와주는 게 좋을 것 같아요.'라고 했다고 한다. 그리고 그것이 시제품 제작을 위한 여정의 시작이 되었다.'"

오늘날 스팽스는 몇십억 달러 가치의 사업체가 되었다.

비즈니스 컨설턴트 마틴 린드스트롬Martin Lindstrom은 사업의 84%는 우연한 사건으로부터 시작된다고 추정한다.

스타벅스Starbucks와 홈디포Home Depot처럼 포춘 500Fortune 500, 포춘이 발표하는 매출액 기준 미국 최대기업 500개에 속하는 기업들과, 벨트로Velcro, 비아그라Viagra, 밴드에이드Band-Aids, 포스트잇Post-It Notes과 같은 상품들은 하나의 고객 통찰력과 뜻밖의 사건으로부터 탄생했다. 인권 운동가이자 환경 운동가인 아니타 로딕Anita Roddick은 윤리적 소비를 원하는 고객의 요청에 따라 더 바디샵The Body Shop을 창립했다.

우리는 이런 부류의 창업자 이야기를 감명 깊게 읽고 좋아하지만, 그런 우연한 연결점들이 우리에게도 항상 일어나고 있다는 점은 고려하지 않는다. 그리고 그것들이 어떻게 우리의 추동력에 힘을 실어줄 수 있는지도 말이다.

우연이 작동하다

책의 서론에서 팀 페리스처럼 내 첫 작품도 내 인생의 전환점이 되었다고 소개한 바 있다. 《영향력 수익률》의 클릭 모먼트는 어느 콘퍼런스에서 다른 사업가를 만났을 때였다.

2009년에 클라우트Klout라는 스타트업이 논란의 중심이 되었다. 설립자 조 페르난데즈Joe Fernandez는 복잡한 알고리즘을 이용해 소셜 미디어 콘텐츠의 패턴을 분석하면 한 사람이 얼마나 영향력이 있는지 측정할 수 있다고 대담하게 주장했다.

인터넷은 이러한 주장에 분개했다! 감히 누가 거만하게 웹상에서 사람의 상대적 영향력에 점수0에서 100 사이를 매길 수 있단 말인가?

오늘날은 이러한 영향력 알고리즘은 당연한 것으로 받아들여지고 있다. 수십 개의 기업이 인플루언서 마케팅 서비스를 제공하며, 그들 모두가 클라우트가 시작한 것에서부터 개발된 모델을 사용한다.

하지만 그 당시 조와 그의 작은 회사는 언론의 가차 없는 비난을 받았다. 나는 일을 열심히 하는 회사의 설립자가 그토록 거세게 공격받는 것을 처음 보았다.

그런데 클라우트가 무언가를 알아냈다는 생각이 들었다.

가수 저스틴 비버Justin Bieber가 당시 완벽한 '100' 클라우트 점수를 가진 유일한 인물이었다(버락 오바마 대통령보다 1점 높았다). 클라우트는 비버 팬들이 소셜 미디어에서 그가 하는 모든 말에 반응한다고 설명했다. 비버가 "이 영화를 보러 가세요."라고 하면 그의 팬들은 정말 그 영화를 보러 갔다.

실제로 어떠한 행동을 추적해서 누군가의 트위터나 페이스북 게시물과 연관시킬 수 있다면 그런 것이 바로 영향력 아닐까?

내 인생을 바꾼 클릭 모먼트는 내가 가장 좋아하는 글로벌 이론가들의 모임인 SXSW 콘퍼런스에서 일어났다. 클라우트와 관련된 이야기가 워낙 많았으므로 조 페르난데즈는 연설자로 초대되었다.

예상대로 그의 연설은 입석만 있었던 연회장의 관중으로부터 많은 공격을 받았지만 조는 침착함을 유지했다. 연설이 끝나자마자 그는 사람들로 둘러싸였고, 나는 클라우트 설립자와 대화를 나누기 위해 끝까지 기다리며 남아있었다.

그렇게 만나게 된 조는 친절했으며 내 블로그를 위한 인터뷰에 응해주었다. 그리고 그의 알고리즘에 관한 설명을 들으며 나는 큰 깨달음을 얻었다.

사람들은 '현실 세계'에서의 자신들의 영향력이 자신들의 인터넷 게시물과는 관련이 없다며 클라우트를 비판했다. 그런데 영감을 얻게 된 순간, 나는 인터넷상에서의 영향력이 오직 하나로부터만 비롯된다는 사실을 깨달았다. 콘텐츠를 움직일 수 있는 능력 말이다!

페르난데즈의 말이 맞았다. 영향력을 측정하는 것은 가능했다. 그저 모든 곳에서, 모두를 대상으로 가능한 것이 아닐 뿐이었다. 그는 인터넷상에서 가장 효율적으로 아이디어를 확산시킬 수 있는 사람들을 추적할 수 있었고, 이는 기업과 마케터들에게 혁신적인 개념이었다. 조는 새로운 유행을 만드는 자들, 폼나는 아이들, 블로그, 영상, 트위터를 통해 우주에 작은 변화를 줄 준비가 되어있는 유망주들을 찾아내고 있었던 것이다.

그렇게 책을 위한 아이디어는 공항의 활주로처럼 내 눈 앞에 펼쳐졌다. 마케팅의 세계는 큰 변화를 앞두고 있었다. 소비자들과 연결되는 완전히 새로운 방식이 우리의 손에 쥐어지고 있었다. 이러한 인플루언서들과 그들의 팬들을 통해서 말이다. 그리고 나는 이 과정이 아주 빠르게 일어날 것이라는 것도 알고 있었다.

세상은 그동안 엘리트적 권력을 쥔 브로커들에 의해 지배되고 있었다. TV 방송국 경영진, 광고업계의 거물들과 출판사들. 그러나 우리가 이런 새로운 '시민 인플루언서'들을 식별할 수 있게 된다면 권력은 이동할 것이고, 그 당시에는 통용되지 않던 용어인 '인플루언서 마케팅'

의 시대가 열릴 것이다.

뉴욕 출판사 맥그로힐은 이 책 출판의 모험을 받아들였고 《영향력 수익률》을 통해 나는 전국적 유명세를 타게 되었으니 그들에게 영원히 감사하다.

나는 작가를 직업으로 삼는 것을 계획한 적이 없다. 모든 것은 텍사스주 오스틴의 한 호텔 연회장에서 나눴던 대화에서 비롯되었다.

대부분은 인생에 한 번 그렇게 의미 있는 통찰력을 얻는 순간을 맞이하게 되었을 때 운이 좋았다고 생각하지만 사실 이런 클릭 모먼트들은 계속해서 일어나고 있다. 아마 제대로 입력되지 않고 있을 뿐이다.

우리는 학교에서 배운 대로 뛰어난 전략, 계획과 리더십이 성공의 요인이라고 믿는다. 물론 이는 모두 당연히 중요하다. 하지만 사실 성공은 우리가 생각하는 것보다 훨씬 우연히 일어난다.

나는 당신이 이를 흥미롭고 힘이 나는 소식으로 여겨주길 바란다. 획기적인 아이디어를 위해 당신은 아인슈타인, 아니 팀 페리스 정도일 필요도 없다. 그저 기회를 주는 경험을 할 수 있는 곳에 있기만 하면 된다.

다음 장에서는 그 정확한 방법을 알아볼 것이다.

PART 03

호기심을
행동으로
옮기기

Acting On Curiosity

㊀ 레지 토마스Ragy Thomas는 빠르게 성장하는 몇십억 달러 가치의 기술회사 CEO이다. 그리고 그 모든 것은 그가 이메일 괴짜였기 때문에 시작되었다.

스프링클러Sprinklr라는 그의 회사는 대형 조직들이 고객들의 목소리를 듣고, 그들의 관심을 끌며, 소셜 매체를 통해 그들과 접촉함으로써 더 나은 경험을 실현할 수 있게 하는 소프트웨어를 제공한다. 그의 이 거대한 아이디어의 불씨는 급부상하는 소셜 미디어 플랫폼과 이메일 마케팅 고객들을 위해 구축한 시스템 사이의 연관성을 포착하는 데서 시작되었다.

소셜 미디어의 출현 전에 이메일은 세상을 연결하는 가장 효율적인 방법이었고, 레지는 가장 빠르게 이메일 소프트웨어 회사를 설립한 사람 중 한 명이었다. 그는 말했다.

"이메일 마케팅 플랫폼을 구축하기 위해서는 다양한 부문들을 만들어내야 했습니다. 콘텐츠 계획, 출판, 승인 작업 흐름, 자동화, 거버넌스 등이 있죠. 기업들의 이메일 마케팅에 필요한 다양한 기능들을 제가 모두 구축했죠.

그러나 이내 소셜 미디어가 성장하기 시작했고, 저는 마케터들이 제가 이메일 분야에서 해결해온 많은 문제들을 직면하게 되리라는 것을 알아차렸죠. 바로 첫 번째 '아하 모먼트'가 찾아온 순간이었습니다.

링크드인Likedln, 페이스북, 트위터에는 이메일과 유사한 개인 다이렉트 메시지 기능과 뉴스 피드 기능이 있었습니다. 내가 누군가와 친구가 되거나 팔로우하는 것은 그 사람과의 연결을 허락하는 것이었고, 이는 이메일을 주고받는 것과 같았죠.

저는 이메일 마케팅을 하면서 풀어낸 주된 문제들이 새로운 소셜 미디어 매체들에도 적용될 수 있다는 사실을 깨달았습니다. 이는 내가 무엇을 하고 싶은지 명확히 해주었어요."

레지는 2009년 자신의 자택에서 스프링클러를 창업했고 1년 후에야 첫 고객을 얻을 수 있었다. 그는 소셜 미디어 콘텐츠 패턴에 대한 호기심을 좇아 고객의 니즈needs와 매칭시키며 플랫폼을 서서히 성장시켰다.

"두 번째 아하 모먼트는 소셜 미디어에 연결된 수십억 명의 사람들이 파편화된 별개의 조각들이 아니라는 사실을 처음으로 깨달았을 때였죠. 관계성에 어떠한 패턴이 존재하고, 이는 그룹화 되고 코드화될 수 있었습니다. 나는 이것이 기존의 마케팅과 광고에 큰 교란을 일으키

리란 걸 알고 있었어요. 사람들은 1점짜리 리뷰를 즉시 수천 명의 사람에게 공유해 영향력을 미칠 수 있고, 이로 인해 고객 관리 방식이 영원히 바뀔 수도 있는 것이죠. 그 어떤 회사도 그런 일이 일어나게 두고만 보지 않으니까요."

"세 번째 아하 모먼트는 인공지능과 함께 찾아왔어요. 방대한 소셜 미디어의 대화에 인공지능을 적용하면 이른바 건초더미에서 바늘 찾기가 가능해지죠. 바로 우리의 사업을 어떻게 이끌어나갈지 정확하게 알려주는 고객 통찰력 말입니다."

자택에서 레지가 코딩을 시작한 지 10년 후, 스프링클러는 나이키, 맥도날드, 삼성 등의 메가 브랜드들을 고객으로 삼게 되었다. 이 성공적인 회사의 시초는 레지 토마스가 호기심이 많았고 그 호기심을 지속해서 행동으로 옮겼기 때문이다.

새로운 것을 발견하고 그 아이디어를 탐색하면 예기치 못한 불씨가 창의적 에너지에 불을 붙이게 된다. 2장에서 설명한 바와 같이 이런 초기 우위가 성공의 복리의 추동력에 힘을 싣게 된다.

활기찬 탐색 과정

당신은 이런 우연의 순간들이 제다이 마스터Jedi master, 제다이Jedi 는 조지 루카스의 <스타워즈>에서 공화국을 수호했던 평화수호자 및 학자 겸 수도사 집단으로, 제다이 마스터는 제다이의 계급 중 오랜 기간 동안 특출난 공을 세운 인물들에게 내리는 칭호가 아닌 이상, 통제할 수 없는 불가사의한 힘인 '순전한 운' 때문이라고 생각할 수 있다. 그러나 뜻밖의 운명을 자신에게 유리하게 바꿀 수 있는 구체적인 행동들이 존재한다.

당신을 매일 포격하는 새로운 아이디어들을 인지하고 이들이 어떻게 현재의 문제 해결에 도움을 주거나 인생 경험과 연계되는지 생각해본 후 행동을 취하면 체계적인 혁신이 가능해진다.

어떤 연구원은 "게으르고 기력 없는 자들이 운은 좋을 순 있지만, 뜻밖의 발견은 활기찬 탐색 과정에서만 일어난다. 운 좋은 발견들을 기민함을 통해 알아채고 더 깊이 파헤쳐 보는 여정 말이다."라고 기록했다.

예를 들면, 내 첫 작품은 그저 운이 좋아 탄생한 것이 아니라 사실 어떤 '활기찬 탐색 과정'의 결과다. 나는 온라인 영향력의 본질과 이것이 마케팅을 어떻게 영원히 바꿔놓을 것인지에 관심이 있었다. 그 호기심을 좇았고, 조 페르난데즈와 대화를 가졌다. 클라우트 설립자와 이야기를 나누기 위해 30분을 기다리며 줄을 섰을 때, 나는 운명을 나에게 유리하게 툭툭 건드렸다.

이는 누구나 어렵지 않게 할 수 있는 일이다. 운명을 더 자주 건드릴수록 성공의 기회가 궁극적으로 높아진다. 그리고 제일 중요한 부분은 이것이다. 나는 콘텐츠를 움직이는 능력과 온라인 영향력 간의 연관성을 발견했을 때 이를 행동으로 옮겨 추동력의 강도를 높였다.

배스대학교 교수 마거릿 헤퍼넌Margaret Heffernan은 오늘날 기업의 리더는 예술가처럼 호기심을 추구해야 한다 말한다.

"예술가들이 하는 일이 무엇인가? 그들은 발견하고, 연구하고, 실제로 세상에서 무슨 일이 일어나고 있는지 이해하고자 한다. 그리고 그들은 자신들에게 이 질문을 계속 던진다.

'그로 인해 우리가 무엇을 얻을 수 있는가?'

긍정적이고, 적합하고, 사람들의 마음에 와닿으며, 의미 있고 가치 있는 것을 우리는 어떻게 만들어낼 수 있을까? 그들은 두려움을 모르는 상상력과 무한한 실험정신을 가지고 있다. 변화를 마주해야 하기 전에 변화한다. 끊임없이 움직인다. 그리고 종종 실패하게 된다는 사실도 받아들인다."

팀 페리스는 그의 일 중독 생활양식에 희생된 장기 연애를 애도하며 세계를 여행하는 동안 책 집필과 관련된 영감을 얻었다. 이는 통찰력을 낳았고 페리스는 스물여섯 번 거절당했음에도 끈질기게 출판의 기회를 찾으며 결단력 있게 자신의 아이디어를 실행에 옮겼다.

독특한 통찰력은 우연히, 예기치 않은 순간에, 뜻밖에 찾아온다. 지속 가능한 성공은 우리 주변에 항상 존재하는 그러한 클릭 모먼트들에 더 귀 기울였을 때 가능해진다. 그런데 관건은 이것이다. 우리는 이러한 기회들에 어떻게 대비할 수 있을까? 바로 일종의 '지침서만' 있으면 된다.

나는 위대한 작가이자 역사학자인 월터 아이작슨Walter Isaacson을 인터뷰할 기회가 있었다. 그는 스티브 잡스, 알버트 아인슈타인, 벤저민 프랭클린 등 뛰어난 지성인들을 다룬 굉장한 책들을 집필했었고, 그래서 그에게 그가 생각하는 '천재의 정의'를 물어보았다. 이런 우상들은 어떻게 영감을 얻게 되었는가?

그는 통찰력에는 두 가지가 요구된다고 했다. 무한한 호기심과 패턴을 포착할 수 있는 능력. 다시 말해 통찰력을 만드는 건 호기심과 새로운 방식으로 점들을 조합할 수 있는 능력이다. 독특한 인생 경험들을 끌어와서 무언가를 다른 각도에서 바라보는 것이다.

〈기업가정신의 뜻밖의 행운Serendipity in Entrepreneurship〉이라는 학술 논문에서 니콜라스 듀Nicholas Dew는 새로운 아이디어의 가장 중요한 불씨는 어떤 탐구과정 속에서 우연히 찾고 있던 것과 전혀 다른 것을 맞닥뜨리는 순간 찾아온다고 주장한다.

추동력의 시작은 호기심을 행동에 옮기는 것이다. 어떤 새로운 아이디어가 당신을 사로잡을 때, 당신은 이를 냅킨에 마구 휘갈기기 시작한다. 밥 먹는 것도 잊는다. 프로토타입을 만든다. 이 알맹이는 새로운 열정에 기름을 붓는 핵연쇄반응의 시작이 된다. 영감이 당신을 쓰러뜨릴 정도로 강하게 달려오는 경우는 드물다. 보통 당신의 어깨에 부드럽게 손을 얹고 무언가 새로운 것을 향해 나아가게 한다.

당신은 의도적으로 성공의 복리의 시작이 되는 영감을 행동에 옮길 수 있다. 그 누구나 통찰력을 등에 업을 수 있는 여섯 가지 방법은 다음과 같다.

📈 당신의 현재를 과거와 연결해보아라

내가 가장 좋아하는 통찰력 형성 방법 중 하나는 과거의 경험을 현재에 적용해보는 것이다. 여기 보편적 진실이 하나 있다. 당신이 이 책을 읽고 있다면, 당신에게는 과거가 있고 현재가 있다. 그러니 이 방법을 사용해볼 수 있을 것이다!

나는 사만다 스톤, 마케팅 자문 네트워크와 진행한 연구를 통해 성공한 기업가들의 72%가 외부의 연구를 통해서가 아닌, 과거 인생 경험으로부터 영감을 받아 사업을 시작하게 되었다는 것을 알아냈다.

2장에서 서술했던 조 페르난데즈 이야기가 이것의 예시다. 조와 그

대화를 나누었을 때 나는 마케팅 분야에서 25년 이상을 종사한 상태였다. 소셜 웹에서 4년 동안 콘텐츠를 만들었다. 이런 나만의 독특한 과거와 관점이 없는 다른 누군가는 그 대화로부터 동일한 통찰력을 얻지 못했을 수 있다.

다른 예시로는 콜롬비아 칼리Cali 지역 댄서 알베르토 '베토' 페레즈 Alberto 'Beto' Perez가 있다. 청소년 시절 베토는 댄스 강의 수업료를 벌기 위해 저녁에 스텝 에어로빅을 가르쳤다. 지루했지만 돈이 되었다. 그러던 중 그에게 두 가지 이익이 충돌하는 일이 벌어진다. 어느 날 베토가 평소처럼 에어로빅 수업을 하려고 강의실에 왔는데, 사용하던 음악을 안 가져왔다는 사실을 뒤늦게 깨달았다. 대신 그는 가방 속에서 살사와 메렝게 음악 믹스 테이프를 발견했다. 그는 수업을 취소하지 않고 평소의 루틴 대신, 고도의 에너지 댄스 루틴을 활용해 전체 수업 내용을 즉석에서 새롭게 구상했다. 수강생들의 반응은 뜨거웠다!

직면하게 된 어떤 문제와 과거 경험의 교차로에서 베토에게는 영감의 순간이 찾아왔고, 그 결과 '줌바Zumba'가 탄생했다. 줌바 수업은 이제 186개 국가에서 운영되며 1,500만 수강생들이 존재한다(맥도날드가 118개국에 있다는 걸 감안하면, 엄청난 숫자이다). 베토가 우연한 순간을 그의 인생 경험과 조합하지 않았더라면 이런 빠른 성장은 일어나지 못했을 것이다. 그리고 가장 중요한 것은 그가 수강생들이 보여준 열정에 반응하고 행동을 취했다는 점이다.

레바논에서 태어나 시드니에서 자란 아헤다 자네티Aheda Zanetti는 조카가 땀범벅이 된 채로 네트볼오스트레일리아 방식의 농구 게임을 하는 것을 관찰하다가 깨달음을 얻었다. '무슬림전통 의상 방식으로 활동적 의복을 만들 수만 있다면, 좀 더 쾌적하게 조카가 운동할 수 있지 않을까?' 결국 그녀는 운동선수들이 종교를 저버리지 않고 영광을 얻게 해주는 특별한 헬멧인 '히주드Hijood'를 발명하게 된다. 이제 아헤다는 스물세 명의 직원들을 거느리고 있으며 그녀의 상품은 세계 곳곳에 퍼져있다.

레지 토마스도 마찬가지로 이메일 커뮤니케이션 패턴을 관찰하는 자신의 독특한 배경 덕에 소셜 매체의 속성과 관련된 영감의 순간을 맞이할 수 있었다.

그 누구도 당신과 똑같은 통찰력을 가질 수 없다. 당신은 이 세상에 단 한 명뿐이니까. 당신은 고유한 통찰력 기계다.

📈 사람들을 연결해라

마지막 책을 집필하며 내가 지금까지 살았던 사람 중 가장 창의력이 뛰어나다고 생각하는 레오나르도 다빈치의 전기를 읽었다. 흥미로웠던 점은 그의 대단한 아이디어의 상당수가 협동의 산물이라는 것이다. 그의 가장 유명한 삽화 '비트루비우스적 인간Vitruvian Man'조차 자신보다 몇 세기 전에 살았던 로마 작가이자 건축가, 토목기사인 비트루비우스

Vitruvius라는 사람으로부터 영감을 얻은 것이다.

레오나르도는 항상 친구가 많고 사랑받는 그리고 조금은 파티를 좋아하는 사람이었다. 어느 날 친구 프란체스코Francesco가 비트루비우스 책《건축 10서De architectura》속의 묘사를 보고 그린 원 안의 남자 스케치를 보여주었다. 이는 레오나르도가 인체를 수학적으로 생각해보는 계기가 되었다. 다른 친구인 자코모 안드레아Giacomo Andrea는 자신이 비트루비우스의 아이디어를 해석한 것을 끄적여보며 레오나르도에게 어떻게 인체가 원 안에 들어갈 수 있는지 보여주었다.

레오나르도는 그 아이디어에 사로잡혔고 비트루비우스의 고대 작품에 대한 자신만의 원고에 고무되었다. 그는 이러한 아이디어들로부터 자신만의 삽화를 발전시켰으며, 그 삽화는 과학적 정밀성과 예술적 아름다움의 측면에서 전임자들의 작품들과 전혀 다른 차원의 것이다.

이제 너무 유명한 이 삽화는 고대 아이디어에 기반을 두고 있는데, 그 아이디어는 친구에게 영감을 주어 그림을 끄적이게 했고, 그 그림은 또 다른 사람과의 대화로 이어졌다. 레오나르도가 매우 아름답고 유일무이한 것을 만들어낸 것은 맞지만 이는 친구들의 도움이 있었기에 가능했다.

나는 이에 대해 읽으면서 나의 창의적 과정에 대해 성찰해보았다. 지금까지 작품을 집필하는 과정은 나에게 외롭고 고립된 작업이었다. 물론 연구를 진행하고 인터뷰도 했었다. 그러나 책의 구상과 관련해서는 늘 혼자였다. 조용한 사무실에서, 아주 큰 의자에 앉아, 완벽히 고립된 상태 말이다.

나는 레오나르도로부터 영감을 얻어 책의 주된 아이디어 구축에 도움을 줄 수 있는 선구적인 사상가들과 대화를 나누었고 대부분 직접 만나보는 계획을 세웠다. 애정을 듬뿍 담아 나의 '다빈치 팀DaVinci Team' 이라고 칭하는 이 집단은 내 이전 책《영향력 수익률》의 아름다움과 깊이에 지대한 영향을 미쳤다. 너무 성공적이었던 나머지 나는 본 책 집필을 위해서도 새로운 다빈치 팀을 꾸렸고, '감사의 말'에 그들이 언급되어 있다.

레오나르도 다빈치가 반드시 '상자 밖 사고think outside of the box'를 했다고만은 할 수 없다. 그는 다른 사람들의 아이디어를 모아 창의적 돌파구를 발견해낸 것이다.

응용행동과학을 전공하며 대학원을 다닐 때, 나는 사람의 기본적인 내적 사고 체계, 즉 정보를 습득하는 방식은 사실상 15살 때 완성된다고 배웠다. 사고하는 방식은 사람 안에 영구적으로 내장되기 때문에 문자 그대로의 '상자 밖 사고'를 하는 것은 불가능하다. 통찰력은 그러한 상자들을 결합할 때, 즉 내적 사고 체계들을 새로운 방식으로 돌려서 맞춰볼 때 가능해진다. 이것의 가장 확실한 증거는 내가 몇 년 전에 알게 된 '브레인라이팅brain writing'이라는 창의력 기법이다. 나는 이

기법을 활용해서 델, 마이크로소프트 등의 회사들과의 컨설팅 세션에서 통찰력 형성에 놀라울 정도의 성공을 경험했다. 그 방법은 다음과 같다.

최소 10명의 다양한 사람들과 브레인스토밍 세션을 계획해라. 모든 가능한 방법으로 다양성을 자극해보라. 사람들이 많이 참여할수록 효과는 좋다. 나는 최대 75명과 이 기법을 성공적으로 수행했다. 브레인스토밍 모임의 목적을 모두에게 꼭 미리 전달하고, 최소한 몇 가지 아이디어들을 가지고 오기를 당부하라.

모임 초반, 모두에게 큰 종이 한 장을 찢도록 하고 브레인스토밍 주제에 대한 각자의 가장 좋은 아이디어를 상단에 기재하게 하라. 아이디어 아래에 추가적인 아이디어를 적을 수 있도록 충분한 공간을 남겨놓아라. 각자 자신들의 종이를 방 안의 벽에 걸고 그 앞에 서 있게 하라. 모두에게 오른쪽으로 한 자리씩 이동하여 옆 아이디어 앞에 서 있게 하라. 상단에 있는 아이디어를 읽고, 그 아래에 이에 덧붙이거나 더 발전시킬 수 있는 방안을 기재하게 하라. 그다음 모두가 두 자리씩 이동하게 하라. 한 자리가 아니다! 똑같은 사람이 바로 앞사람의 사고방식만 계속해서 따라가는 것은 지양해야 한다. 우리는 내적 사고 체계를 섞어보려 하고 있기 때문이다. 상자들을 융합해서 새로운 것을 만들어보는 것 말이다. 페이지에 적혀 있는 것들보다 더 나은 아이디어를 기재하게 하고 또 이동하라. 이번엔 세 자리를 이동하라. 적힌 것을 보고 이에 덧붙이거나 더 발전시켜보게 하라. 모든 페이지가 아이디어로 가득할 때까지 이 과정을 네다섯 번 반복할 수 있다.

모든 참가자가 원래 자신의 아이디어가 있던 곳으로 돌아가게 해서 전체 페이지를 읽고 가장 좋은 아이디어에 동그라미를 치도록 하라. 이 순간에 마법이 일어난다. 95%의 경우 동그라미를 친 아이디어는 원래 자신의 아이디어가 아니다! 30분도 채 안 돼서 당신의 꽤 괜찮은 아이디어를 아주 우수한, 심지어는 획기적인 혁신의 불씨로 둔갑시킬 수 있다.

'상자를 결합하는' 아이디어는 다양성이 왜 그토록 중요한지 보여준다. 다만, 모두가 똑같이 숫자 지향적이거나, 창의력 지향적이거나, 같은 나이나 문화적 배경에 속한다면 이 작업은 적합하지 않을 수도 있다. 그러나 더 많은 '상자'를 결합할수록, 결과는 좋아진다. 항상!

상자를 결합하는 행위가 꼭 팀 안에서 일어나지 않아도 된다. 나에게 이는 나와 함께 아이디어를 구축하고자 하는 사람들과 매일 거치는 과정이다.

통찰력을 기르기 위해 내가 찾아가는 친구 중 한 명은 애틀랜타의 잭슨헬스케어사 Jackson Healthcare 임원인 키스 레이놀드 제닝스 Keith Reynold Jennings 다.

몇 년 전에 호텔 로비에서 그와 시간을 보내던 때였다. 그에게 잘 알러지지 않은 연구 중, 비즈니스에 새로운 방식으로 적용해볼 법한 것이 있는지 물어보았다. '성공의 복리'라고 그는 대답했다. 흠… 나쁘지 않았다!

행동에 옮길 수 있는 통찰력은 사무실에 앉아서가 아니라 대화를 통해 얻어낼 확률이 높다. 밖으로 나가 상자들을 결합해보라.

📈 상황의 중심으로 가보아라

나는 내가 사는 도시의 빈곤 지역에 거주하는 아이들의 멘토링에 많은 시간을 할애한다. 한때 나는 숙제를 제때 제출 하지 않는 아이들 때문에 골머리를 앓고 있었다. 이는 끝없는 전쟁의 연속이었다. 그러던 중 나는 아이들의 집을 직접 방문하며 깨달음을 얻었다. 그들의 집엔 와이파이가 설치되어있지 않았던 것이다! 그러니 당연히 숙제하는 것이 어려울 터였다. 아이들은 무엇이 문제인지 말하길 부끄러워했던 것이다. 이는 내가 그 상황의 중심에 서지 않았더라면 절대 얻지 못했을 깨달음이었다.

비슷한 방식으로 나는 내 고객들을 직접 만나고 그들의 시설을 직접 관찰하며 놀라운 통찰력을 얻곤 한다.

회사 재직 시절, 나는 도요타의 생산 시스템Toyota Production System에 매료되어 있었고, 카이젠Kaisen,모든 기능의 지속적인 개선 / 카이젠(改善, かいぜん)

은 제2차 세계대전 이후 일본 기업에서 처음 시행되었는데, 생산성 극대화를 위해 전 직원이 참

여하는 비즈니스 활동을 가리킨다. 특히 Toyota Way라고 불리는 도요타의 경영방식과 생산시

스템 의 핵심 원칙 중 하나이다. 이는 전 세계로 퍼져, 비즈니스와 생산성 밖의 환경에도 적용된

다.의 '겜바로 가는go into to gemba' 원리를 접하게 되었다. 겜바現場, げんば는

일본어로 현장 즉, 실제 장소를 뜻하는데, 사업에서는 '가치가 생산되

는 곳'을 의미한다. 서비스 제공 업체가 소비자와 직접 소통하는 곳(예: 자동차 대리점 쇼

룸)이다. ─ 편집자 주 이 원리가 흔히 사용되는 분야가 바로 제조업이며, 이

때 겜바는 보통 '공장 바닥'을 의미한다. 이러한 방식은 관찰을 통해 새

로운 통찰력을 얻을 수 있는 곳이라면 어디든 적용이 가능하다.

혼자 책상에 앉아 있는 것만으로는 다른 사람의 생각을 이해하는

것은 불가능하다. 디자이너들과 제품 개발자들은 이러한 인류학적 접

근이 얼마나 중요한지 오래전부터 이해해왔다. 이 기법의 최고 권위자

는 이 매력적인 전략을 기반으로 커리어를 쌓아온 컨설턴트이자 작가

인 마틴 린드스트롬Martin Lindstrom이다. 그는 자신이 호텔의 브랜드를

쇄신하는 프로젝트를 맡았을 때의 이야기를 해주었다.

"우리는 세계에서 가장 고급스러운 호텔 체인점 중 하나와 일을 했는

데 그들이 '스위트룸suites'의 개념을 재정의해 달라고 부탁해 왔습니다.

가장 낡은 호텔들조차 모두 스위트룸이라는 용어를 사용한다는 것이

문제였죠. 완전히 그 의미가 희석된 용어임에도 5성급 호텔에서는 스위

트룸이 1박에 1천 달러, 2천 달러 또는 1만 달러 하는 상황이었죠. 너

무 유연한 나머지 오염이 된 그 단어를 위한 이미지 쇄신이 필요하긴 했어요.

우리는 고급 호텔의 숙박객들을 대상으로 먼저 인터뷰를 진행했습니다. 저는 말 그대로 15명의 억만장자와 마주 앉아 이야기를 나누었습니다. 그때 사람들이 이런 스위트룸을 이용하는 이유가 '자신들의 인생에 변화를 주기 위해서'라는 사실을 알게 되었어요. 가장 큰 방이나 최고의 침대, 더 많은 화장실 편의용품만의 문제는 아니었던 것이죠. 어차피 그런 것들과는 이미 익숙한 사람들이니까요. 그들이 정말로 원했던 것은 집에 돌아갈 때 함께 가져갈 수 있는 '유일무이한 기억'이었습니다. 이것이 바로 핵심적인 통찰력이었죠!

이런 호텔들은 사실 대단한 건물들이었습니다. 스위트룸 하나하나가 엄청난 역사를 담고 있었죠. 문제는 그 누구도 이런 상징적인 이야기들을 기록하지 않았다는 것입니다. 산 자와 죽은 자, 그 방에서 작곡된 유명한 노래들, 그 방에서 집필된 유명한 서적들, 그 위치에서 촬영된 훌륭한 영화들. 심지어는 어떤 유명 인사가 20년 넘게 한 방에 살았었던 적도 있었죠. 그런데 그 누구도 이런 이야기들을 스위트룸들과 연계해 생각해보진 않았습니다.

우리는 역사 전문팀을 꾸린 후, 세계 방방곡곡을 다니며 스위트룸들에 들어가 보았고 퇴사한 직원들과 현직자들, 고객들, 손님들, 전할 이야기가 있는 모두와 인터뷰를 진행했습니다. 그리고 각 방의 역사, 유명 인사, 얽혀있는 이야기를 세련되고 절묘한 방식으로 결합해 모든 스위트룸의 브랜드를 쇄신했습니다.

핵심은 브랜드가 종종 기회의 금광 위에 가만히 앉아만 있다는 겁니다. 우리는 제품이나 서비스를 물리적으로 변형하는 방식으로 이 회사의 가치를 높여준 것이 아닙니다. 이런 장소들 방문해 다른 관점에서 바라보며 감정적인 방식으로 많은 변화를 이뤄낸 것이죠."

〰️ 개가 짖고 있는가?

내 인생에 있어서 가장 영광스러운 일 중 하나는 아마 역대 최고로 존경받는 비즈니스 전략가이자 위대한 작가이며 컨설턴트인 피터 드러커Peter Drucker 아래 공부한 경험이다.

그는 사례연구를 통해 우리를 지도했고 수강생들이 복잡한 비즈니스 관계들을 잘 풀어내면 기쁨과 흥분을 감추지 못했다. 그가 가장 좋아했던 문구 중 하나는 "그러나 개는 짖고 있지 않다."였다. 이는 아서 코난 도일의 이야기 중 〈실버 블레이즈의 모험The Adventure of Silver Blaze〉을 언급하는 것이었다. 이 이야기에서 셜록 홈즈는 낯선 이 앞에서 짖었어야 할 개가 짖지 않았기 때문에 미스터리를 해결할 수 있었다. 이는 용의자가 개가 알고 있는 사람이라는 것을 의미했기 때문이다. 당신 또한 개가 짖을 것이라 예상되는 상황에서 개가 짖고 있지 않다면, 그 단서를 절대 무시하지 말자! 이는 거의 항상 중대한 깨달음으로 안내해줄 변칙이 된다.

오늘날의 사업은 데이터로 넘쳐난다. 혁신가들은 유망한 아이디어를 찾기 위해 정보를 들여다보지만, 그들은 종종 평균값과 당연한 패턴들에만 집중해 너무 광범위한 결과만 도출하게 된다. 진짜 통찰력은 보통의 비즈니스에서 벗어나는 결괏값에서 발견될 확률이 높다.

몇 년 전, 러시아의 컨설팅 프로젝트에 참여할 기회가 있었다. 1억 명이 넘는 중산층 소비자들과 7,500만 명이 넘는 인터넷 구독자들이 존재하는 이 넓은 국가에서 온라인 소매업은 매력적인 시장이라고 넘겨짚기 쉽다. 그러나 전자상거래는 국가의 전체 소매업 판매액 중 불과 1.5%에 불과했다. 말도 안 되는 일 아닌가! 개가 짖고 있지 않은 것이다. 대체 무슨 일이 일어나고 있던 걸까? 더 파헤쳐보니 이는 러시아의 우편제도가 매우 형편없고 소수의 소비자만 신용카드를 소지하고 있기 때문에 나타난 변칙인 것으로 드러났다. 이 부조화로 인해 소매상들은 회사의 자체적인 배송 시스템 개발, 외곽 도시들에서 소비자가 직접 물품을 픽업할 수 있도록 만든 특별사서함 등 새로운 혁신적인 기법들을 많이 만들어내야 했다.

당신의 인생이나 사업에 이해하기 어려운 부분이 있다면 더 깊이 파헤쳐보라. 분명 그곳에서 불씨를 발견하게 될 것이다.

⎘ 위기 속에 기회를 발견하라

모든 위대한 아이디어들은 충족되지 못하거나 불완전하게 충족된 욕구를 마주하게 된다. 모든 위기는 영구적인 기회가 될 수 있는 완전히 새로운 고객 니즈를 수면 위로 드러낸다.

코로나바이러스 팬데믹 초기에 아내는 아이다호주 선 밸리로 가족 스키 여행을 떠났고, 코로나에 걸렸다. 그녀가 열이 있는 상태에서 귀가하고 며칠 후 나도 결국 같은 병에 걸리고 말았다. 고마워, 여보! 코로나바이러스는 우리에게 무자비했다. 지금도 그렇지만, 그 당시엔 치료법이랄 게 없었다. 유일한 전략은 바이러스가 빨리 몸을 훑고 지나가 주길 기다리며, 병원에 실려 갈 필요가 없기를 바라는 것이었다. 우리는 아팠거나 격리되었던 시간을 포함해 무려 50일이 넘는 기간 동안 집에 갇혀있었다. 팬데믹 전 비축해 놓았던 마른 음식류를 제외하고, 신선한 음식은 거의 두 달 가까이 구하지 못했다. 그때 우리는 인근 목장 주인으로부터 이메일을 받았다. "근방의 식당들이 문을 닫아 여러분은 소고기를 먹지 못하고 있을 겁니다." 그는 말을 이어나갔다. "그러니 우리가 직접 고기를 배달해 여러분의 집 앞에 놓고 가겠습니다." 생명의 은인이 따로 없었다. 이 목장 경영자는 위기 속에서 기회를 포착했고 이를 행동으로 옮기고 있었다.

비슷한 예로 우리는 신선한 고기와 야채를 레시피와 함께 배달해주는 유용하고 저렴한 헬로우후레쉬HelloFresh 라는 서비스도 구독했다. 덕분에 집에 갇혀있던 기간 동안 음식을 공급받았고, 더불어 새로운 레시피를 배우는 것이 즐겁다는 사실도 깨달았다. 그래서 아프지 않은 지금도 이 서비스를 계속 이용하고 있다. 놀랍지 않은가. 나와 아내는 건강 위기 전엔 존재하는지도 몰랐던 통로로 우리가 지금 먹는 음식 일부를 구매하고 있다.

미국과 세계 곳곳에 존재하는 사회 혼란마저 새로운 아이디어 창출의 기회가 될 수 있다. 사람들의 태도가 달라지고 있다. 기업들과 기업 리더들의 기대가 변하고 있다. 소비자의 관심을 사로잡는 데 사용되는 원칙들은 새롭게 작성되고 있다. 작가의 이전 저서 《인간적인 브랜드가 살아남는다 : 마케팅이 통하지 않는 세상에서(Marketing Rebellion: The Most Human Company Wins) / 알에이치코리아, 2021》에서 이 아이디어를 심층 고찰한다. 모든 침체와 몰락에는 새로운 아이디어를 위한 광장한 기회들이 존재한다.

〰️ 다양성 충돌이 존재하는 환경을 만들어라

마태 효과를 통해 배운 바와 같이, 분명 어떤 이들은 영구적이고 타고난 우위를 가지며 이는 평생의 혜택들로 이어진다. 그러나 올바른 기회의 불씨와 그 아이디어를 행동으로 옮기고자 하는 의지에서부터 성공의 복리 추동력이 시작될 수 있음을 이제 당신도 이해했길 바란다.

지금처럼 시간에 쫓기고 목표지향적인 사회를 살아가는 모든 이들에게는 난관이 존재한다. 우리는 어떻게 당장의 목표와 직접 관련 없는 사안들을 탐구하기 위한 시간을 마련할 수 있을까? 아니, 그 시간을 내기 위한 계획을 어떻게 세울 수 있을까?

　혁신은 의도적 활동이 될 수 있지만, 당신을 둘러싸고 있는 새로운 가능성을 인지하려면 지금 주어진 과업들로부터 눈을 돌리는 것이 필요하다. 그러나 우리 대부분은 직장이나 가족들이 당장 요구하는 것에 집중하기 마련이므로 이는 쉽지 않다.

　예측 가능한 안정적인 성과에는 분명 만족스러운 면이 존재한다. 그러나 새로운 사람, 장소, 경험 등을 통해 당신의 호기심을 체계적으로 실행하지 않는다면 성공으로 이끌어줄 그 우연한 불씨를 발견할 기회도 분명 놓치게 될 것이다. 당신의 주변에 일어나고 있는 변화들을 인지하고 결론을 도출해보는 것은 대단한 아이디어로 이어질 수 있다. 그러나 그 아이디어를 위한 적절한 타이밍은 언제일까? 우리는 미식축구로부터 교훈을 얻을 수 있다.

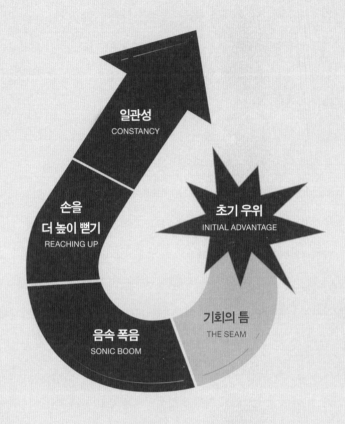

일관성
CONSTANCY

손을
더 높이 뻗기
REACHING UP

초기 우위
INITIAL ADVANTAGE

음속 폭음
SONIC BOOM

기회의 틈
THE SEAM

기회의 틈

"속도는 전쟁의 본질이다."

손자병법

PART 04

기회의 틈

The Seam

하버드대학교 교수 마이클 포터Michale Porter는 《마이클 포터의 경쟁우위Competitive Advantage, 비즈니스랩, 2020》를 비롯한 20권의 베스트셀러 저자다. 또한 그는 〈하버드 비즈니스 리뷰〉 최고의 기사로 6년 연속 맥킨지 어워드를 수상했으며, 경영과 경제 분야에 있어서 가장 많이 인용되는 저자기도 하다. 그는 공인된 천재이며 그의 선구적인 책들은 10년이 넘도록 경영전략의 교과서적 입지를 차지했다.

그런 포터가 공동 창립한 컨설팅회사 모니터 그룹Monitor Group은 2012년 11월에 지급능력을 상실하고 파산 신청을 했다. 아이러니하게도 모니터 그룹은 포터의 '지속 가능한 경쟁우위' 이론을 기업들이 체화하도록 도와 장기적 수익을 향유할 수 있게 해주겠다고 주장해 유명해졌던 회사였다. '경영전략의 군주인 마이클 포터 얘기였으니까. 실패할 리 없지.'라는 기업들의 믿음을 비웃기라도 하듯, 이 유명한 컨설팅회사는 충격적 종말을 맞이했다. 수백 개의 기사와 여러 권의 책이 이 유명한 컨설팅회사의 충격적 종말을 기록했다.

문제는 무한신뢰를 얻고 있던 포터의 '지속 가능한 비교우위'의 고전적 아이디어가 '정적인 사고방식'을 전제로 한다는 점이었다.

그의 이론에 따르면, 비교우위를 찾는 순간 책임은 끝난 것이며, 필요한 연구와 전략을 체제에 투입한 뒤엔 그저 편하게 기대앉아 지속적인 이익을 누리면 되었다.

그러나 현재의 비즈니스 세계는 역동적이고, 변화의 속도는 점점 빨라지고 있다. 경쟁 세력들은 끊임없는 등락을 거듭한다. 경쟁자들은 강해지거나 약해지고, 시장의 신규 진입자들은 규칙을 재편하고, 기술적 변화는 거친 회오리바람처럼 경영의 양태를 뒤엎을 수 있다. 설정만 하고 잊어버리면 되는 전략은 이제 통하지 않는다. 작은 우위를 확립한 후 그것으로 무엇을 하는지에 따라 추동력이 좌우된다. 타당성을 잃기 전에 행동해야 한다.

틈을 발견하다

오늘날 기업가들과 경영자들은 미식축구처럼 전략적 방향을 설정할 수 있는 능동적 체제가 필요하다. 미식축구팀은 아주 짧은 순간일지라도 방어의 틈이 생기는 곳을 집중적으로 공략하기 위해 필드를 주시한다. 각 팀은 얼굴을 마주 보고 힘을 겨루면서 서로에 대항하기 위해 일렬로 줄을 선다. 공을 쥐고 있는 팀은 공을 필드 아래로 가져가기 위해 잠깐의 기회를 포착해야 한다.

대치 중인 선수 조합 중 집중적으로 공략할 만한 불균형적 조합이 존재하는가? 상대 팀에 경험이 적거나, 다쳤거나, 지쳐있는 선수가 있는가? 우리 선수들이 약점을 찾고 그 틈을 통해 필드를 가로질러 갈 수 있을 정도의 시간을 확보할 수 있는가? 달리 말해, 선수들은 당장 이용할 수 있는 열린 틈, 즉 방어의 취약점을 찾으려 한다. 내일도 아니고, 내년도 아니다. 당장 말이다!

어떤 코치들은 높은 곳에서 필드를 관찰하며 다급하게 약점을 찾으려 한다. 이는 필드 위의 코치들도 마찬가지다. 참전하는 선수들도 각 플레이 전에 코치들로부터 받은 정보를 공유하고 전략을 수정하기 위해 뭉친다.

이 비유를 보면 성공은 50페이지짜리 문서나 2개년 계획으로부터 도출되지 않는다. 속도, 시간, 공간을 활용하는 전략이 모든 기회가 된다. 일단 틈을 돌파하면 당신이 갈 수 있는 최대한 멀리, 오래 달릴 수 있는 추동력을 구축할 수 있다! 틈은 무방비 상태의, 또는 방어가 취약한 상태의 기회다. 현 상황에 금이 간 것이다. 새로운 시장이나 비즈니스 기회에 대해 우리는 흔히 '여백을 발견한다'는 표현을 사용한다. 틈은 초미의 여백이다.

엘리트 운동선수처럼 경영가들은 틈을 발견하면 최대로 속도를 끌어올려 가능한 한 오래 그 공간을 자신에게 유리하게 밀고 나가야 한다. 그리고 그다음 틈을 찾아야 한다.

기회의 틈은 비즈니스 세계의 모든 곳에 존재하고, 미식축구와 동일한 규칙이 적용된다.

틈이 없으면, 소득이 없다.
틈이 작으면, 소득이 적다.
틈이 크다면, 득점!

핀터레스트Pinterest는 여자들 사이에서 스크랩북을 공유하는 미개척 시장을 발견하고 재빠르게 행동을 취해 무려 18개월 만에 세 번째로 가장 큰 소셜 네트워크가 되었다.

스타벅스는 구매력이나 규모의 우위가 전혀 없는 작은 회사였다. 커피나 커피숍을 발명해낸 것은 아니지만, 따뜻하고 대화하기 편한 환경에서 맛있는 커피를 마실 수 있는 분위기라는 틈을 발견했고 빛의 속도로 그 구멍을 뚫고 나왔다.

엔터프라이즈 렌터카Enterprise Rent-A-Car는 거의 30년 동안 대체 차량이 필요한 고객들을 픽업하고 내려주는 서비스를 제공하는 유일한 회사였다. 거대한 틈을 발견했고, 많은 소득을 얻었다.

오늘날 대부분 기업들의 수익의 원천을 파고 들어가 살펴보면, 그들이 시간, 공간, 인지도 측면에서 난공불락의 독점적 지위를 구축했음을 알 수 있다. 적어도 일정 기간은 말이다. 리더의 역할은 끈질기게 그다음 무방비 상태의 틈을 찾아 조직이 정확한 실행력으로 이를 통과할 수 있도록 돕는 것이다.

아디다스Adidas의 브랜드 커뮤니케이션 글로벌 사업부장 파비오 탐보시Fabio Tambosi는 오늘날 가장 의미 있는 브랜드 혁신은 '문화적 창의성'을 미시적인 소비자와의 순간들에 활용하는 것이라고 내게 알려주었다.

"오늘날 가장 인상 깊은 마케팅은 브랜드 가치들의 교차점과 대중문화에 일어나고 있는 현상을 연결해줄 결합조직connective tissue을 찾는 것과 관련 있다. 과거엔 브랜드들이 다년간 캠페인의 형식으로 '모닥불'을 피우려 했다. 그러나 지금은 문화적으로 적합한 불씨들을 끊임없이 찾아 헤맨다. 훌륭한 마케팅은 계속되는 커뮤니케이션 불씨들의 파급효과를 잘 활용하는 것과 관련 있다."

이러한 새로운 관점의 '브랜드 구축'은 최대한 오랜 기간 틈을 넓히려 하는 회사의 노력이다. 마케팅팀은 상품의 적합성, 관객과의 감정적 연계를 계속 조정하며 수십 년간 그 틈을 열어놓을 수 있고, 심지어 시간이 지나면서 이를 넓힐 수도 있다.

파타고니아Patagonia나 코카콜라Coca-Cola 같은 상징적인 브랜드들은 어떤 틈을 지배한 후 한 세기가 넘도록 계속해서 새로운 틈들을 활용해오고 있는 대표적인 예다.

브랜드 전문가 에블린 스타Evelyn Starr는 다음과 같은 견해를 밝혔다. "어느 순간 브랜드는 '틈 그 자체'가 될 수 있습니다. 방어되어야 하는 하나의 확립된 지위가 되는 것이죠. 경쟁자들이 존재할 순 있지만, 브랜드의 막강한 지위는 그들이 관중소비자과 맺고 있는 공고하고 감정적인 관계의 복제를 어렵게 합니다. 이런 관계 덕에 수십 년간 틈이 닫히지 않을 수도 있습니다."

책의 앞부분에서 나는 성공의 복리라는 사회학적인 개념을 활용해 추동력이 새로운 아이디어와 작은 사업체들에 어떻게 작동하는지 설명했다.

맥킨지 연구자들은 이것이 기업 차원에서도 어떻게 작동하는지 보여준다. 그들은 23개의 다른 산업군에서 높은 매출, 중간 매출, 낮은 매출을 달성한 기업들을 나누었고, 시간의 경과에 따른 그들의 수익성 변화를 관찰했다.

20년이 넘는 기간 동안 상위 5분위에 속한 기업들은 상위권에, 그리고 중간에 속한 기업들도 기존과 비슷한 위치에 머물렀으나, 하위 5분위에 속한 기업들은 해를 거듭할수록 하락세를 보였다. 2009년과 2020년의 고단했던 경기침체기에도 부유한 기업들은 더 부유해졌다. 그리고 그 간격은 더 벌어졌다.

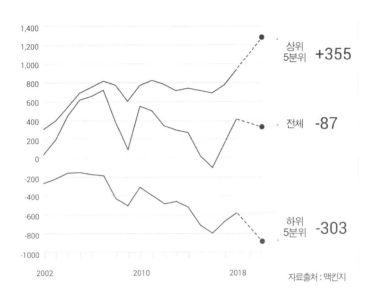

시간의 경과와 회사의 수익성

자료출처 : 맥킨지

당신의 틈 찾기

3장에서 우리는 사람, 장소, 아이디어의 충돌을 통해 통찰력을 얻을 수 있는 곳으로 간다면 스스로 (성공으로 이끌)우연을 만들어낼 수 있다는 사실을 발견했다. 이제 우리는 그 통찰력이 무방비 상태의 기회와 적합한지 판단해야 한다. 우리의 아이디어로 틈을 통과할 수 있을까?

블룸버그의 한 분석에 의하면, 세상에서 가장 부유한 사람 100명 중 8명은 대학교육을 못 받았거나 가족으로부터 물려받은 재산이 없다고 했다. 드러나는 성공의 복리가 없다는 뜻이다. 그러나 그들의 예기치 못한 성공엔 하나의 공통된 원인이 있었다. 그들 모두 어떤 트렌드를 재빨리 알아채고 틈을 뚫고 달려가 무방비 상태의 기회를 활용했다는 것이다.

이쯤되면, 당신은 그 8명의 억만장자가 누군지 너무나도 궁금해하고 있을 것이다. 그들은 래리 엘리슨Larry Ellison, 리카청Li Ka-shing, 레오나르도 델 베키오Leonardo Del Vecchio, 존 프레드릭슨John Fredericksen, 쉘던 아델슨Sheldon Adelson, 잉그바르 캄프라드Ingvar Kamprad와 프랑수아 피노Francois Pinault다.

새로운 틈은 항상 그리고 끊임없이 열리고 있다. 무방비 상태의 기회는 소비자 니즈의 변화, 경쟁자의 나태함, 전문화된 데이터 분석, 또는 새로운 기술의 도입을 통해 찾아올 수 있다. 틈은 구매자와 공급자의 권력 변화, 대체재의 존재나 새로운 경쟁자들의 출현으로 새롭게 생겨날 수 있고, 소비자의 기호, 문화, 정치, 패션과 인구통계학적 트렌드의 파동으로 더 크게 벌어질 수도 있다.

내가 예전에 포장재 사업에 몸담았을 때 이야기를 한번 해보겠다. 포도주 업계 종사자들이 모두 알고는 있지만 절대 인정하지 않는 사실이 하나 있는데, 제품을 진심으로 보호하고 싶다면 투명한 유리병에 코르크 마개를 사용하는 것이 가장 최악의 포장방식이라는 것이다.

나는 포도주 양조자들에게 알루미늄 캔 포장에 이점이 많다는 점을 설득하기 위해 수년간 노력했다. 그러나 그 당시 산업 종사자들은 일제히 이 아이디어에 콧방귀를 뀌었다. 하지만 그 후 무슨 일이 일어났을까? 포도주 판매의 10%가 캔으로 이루어질 것으로 예측될 정도로 알루미늄 캔에 담긴 포도주는 업계에서 가장 빠르게 성장하는 제품군이 되었다.

이유가 무엇일까? 캔 그 자체는 변하지 않았지만, 밀레니얼 세대 소비자들의 우선순위가 기존과 달라졌기 때문이다. 그들은 무거운 포도주 병으로 대표되는 감정과 전통에는 비교적 관심이 적은 반면, 작고 가벼워 가방에 간편하게 넣어 다닐 수 있음은 물론, 내용물을 빠른 시간 안에 차갑게 만드는 포장재의 가치를 더 높이 평가했기 때문이다.

너무나도 단순하고 유용한 아이디어의 매력. 내가 20년 전에 떠올렸던 아이디어지만 그때는 틈이 열리기 전이었다. 아이디어는 소비자 취향의 변화로 끄집어내어진다.

위기의 순간들은 충족되지 못한 욕구들을 구체화하는 촉매제 역할을 하여 새로운 기회들을 특히 무르익게 한다. 예를 들어 2020년 팬데믹에는 음식 배달, 홈스쿨링 도우미와 위생 물품의 분야에서 놀랍도록 새로운 기회들이 생겨났다. 경제침체기는 어떤 사업들에는 타격을 입혔지만, 또 새로운 사업들을 구축하기도 했다. 일렉트로닉 아츠

Electronic Arts, IBM과 페덱스FedEx를 포함한 세계에서 가장 성공적인 회사 몇몇도 경기침체기에 출범했다.

당신과 당신의 아이디어를 위한 틈이 지금 열리고 있는가? 이를 알아내기 위해 고려해야 할 세 가지 질문이 있다. 하나씩 고려해보자.

❶ 당신이 발견한 기회가 실행 가능한 영역에서 무방비 상태로, 또는 최소한 취약한 상태로 존재하는가?

❷ 그 기회가 당신과 당신의 인생에 개인적으로 적합한가?

❸ 기회를 위한 타이밍이 적합한가?

📈 무방비 상태의 기회를 찾았는가?

2011년에 《영향력 수익률》을 집필할 당시 나는 1953년에 설립된 버슨 마스텔러Burson-Marsteller라는 글로벌 PR 기업의 존경받는 공동설립자 헤럴드 버슨Harold Burson과 인터뷰를 진행했었다. 버슨 씨는 역사상 최악의 PR 악몽들을 극복하도록 기업들에 도움을 준 인물로 잘 알려져 있다.

그의 업적 중 하나로, 타이레놀Tylenol 독극물 사건을 들 수 있다. 1982년 미국 시카고에서 어떤 이가 타이레놀에 독극물 청산가리를 투입해 7명이 사망하는 비극이 일어난다. 타이레놀 제조업체 맥닐의 모

기업이자 약품 유통을 담당하는 존슨앤드존슨는 이 사건으로 주가가 폭락하고 시장점유율 급락 등의 심각한 위기를 겪는다. 신뢰받았던 브랜드가 살인 도구가 된 것에 대해, 헤럴드는 브랜드가 다시 살아날 수 있도록 도와주었다.

버슨 씨는 몇 년 전에 세상을 떠났지만 나를 만났을 당시 그는 80대였고, 자신의 회고록 집필을 위해 여전히 오전 7시에 활기차게 출근하는 사람이었다. 그는 내게 충만한 삶의 비밀을 알려주었다.

"살면서 당신에게는 많은 문이 열릴 것이네. 성공의 열쇠는 바로 문을 열 적합한 타이밍과 문을 닫을 적합한 타이밍을 식별하는 것일세."

정확하다. 어떤 문을 열어야 할지 판단하는 것이 관건이다. 이때 약간의 노력이 요구된다. 아이디어를 적어보는 것과 이를 실행에 옮기는 것 사이에 성공 가능성을 측정해보는 작업이 당신에게 필요하다. 어떤 아이디어를 지나치게 아끼고 이에 몰입하게 되면, 정작 다른 사람들은 그것을 크게 관심 없어 한다는 사실을 간과할 위험이 존재하기 때문이다. 사업 실패의 가장 큰 원인은 새로운 제품이나 서비스에 대한 불충분한 수요다.

간혹, 계획을 단행하기 전까지 실수요를 알기 어려울 때가 있다. 또 어떤 경우는 운 좋게도 존재하는지조차 몰랐던 당신의 제품이나 아이디어의 새로운 쓸모를 발견할 수도 있다. 그러나 기왕 인생에서 상당한 시간을 새로운 아이디어 출시에 쏟고 있는 상황이라면, 성공 확률을 최고로 끌어올리기 위해 '숙제'를 먼저 해보는 것이 어떨까?

이에는 여섯 가지 고려사항들이 있다.

❶ 당신의 잠재 고객은 누구인가? 나이, 직업, 소득, 생활양식, 교육 수준 등의 정보가 필요하다.

❷ 그들은 지금 무엇을 소비하는가? 당신의 상품이나 서비스와 관련된 현재 소비 습관을 의미한다. 즉 그들이 얼마나 소비하는지, 그들이 가장 선호하는 공급자는 누구인지, 그들은 어떤 특징을 가장 좋아하는지, 주요 가격대는 어떻게 되는지 등을 포함한다.

❸ 미래에 그들은 무엇을 구매할 것인가? 스프링클러 창립자 레지 토마스가 내게 다음과 같이 말한 바 있다. "우선 미래가 어떨지 그림을 그리고, 거꾸로 작업해보라. 혁신을 위한 최고의 방법은 과거를 기준 삼아 나아가는 것이 아니라, 미래를 기준으로 거꾸로 생각해보는 것이다." 스타트업들은 종종 현재 일어나고 있는 문제들만 해결하려 한다. 그러나 경영자들은 미래에 일어날 문제를 위주로 거꾸로 작업해 이를 해결하기 위한 제품과 서비스를 만들어내야 한다.

❹ 그들은 왜 소비하는가? 마케팅이 궁극적으로 이것에 대한 답변에 달려있기 때문에 이는 어렵지만 중요한 문제다.

예를 들어 당신은 제품 기능에 자부심을 느끼더라도, 당신의 고객들은 색깔이 예뻐서 구매를 결정할 수도 있다. 사람들이 무엇을 구매하는지와 자신이 무엇을 판매하는지를 혼동하지 않아야 한다.

❺ 고객들은 왜 당신을 선택할 것인가? 나는 조언을 얻기 위해 나를 찾아오는 이들에게 아래의 문장을 완성해 보라고 한다.

'오직 우리만이 가지고 있는_____'

답을 찾기가 쉽진 않겠지만, 당신만의 유의미한 차별화 포인트와 충족되지 못한 소비자 니즈를 정렬해보면 당신의 성공 확률은 치솟을 것이다.

❻ 우리의 비교우위는 방어 가능한가? 어떤 경쟁자들이 존재하며, 그 하나의 비교우위가 틈을 만들 정도로 유의미한가? 우리가 활용할 수 있을 정도로 현 상태에 금이 가고 있는가?

우리가 사는 이 경이로운 정보화 시대에서는 아마 90%의 경우 저렴한 비용으로 스스로 적절한 분석을 해볼 수 있다. 당연히 첫 번째 단계는 자료 수집을 위한 철저한 온라인 검색이지만, 대부분 도시는 풍부한 자료를 무료 혹은 저렴하게 제공하는 소상공인 지원센터나 경영자 센터도 운영하고 있다. 그뿐 아니라 밖으로 나가 잠재 고객들과 대화를 나눠보는 것도 중요하다. 다음과 같은 중요한 질문을 해볼 수 있다.

"이 제품이나 서비스를 구매할 때 무엇을 고려하나요?"

"현재 시중에 나와 있는 제품이나 서비스의 어떤 측면을 좋아하고 어떤 측면을 싫어하나요?"

"어떤 부분의 개선을 제안하나요?"

"이 제품이나 서비스의 적절한 가격은 어느 정도인가요?"

이런 질문들을 주기적으로 해보는 것은 틈 찾기에 도움을 줄 수 있고, 아마 그다음 틈을 찾는 데도 도움이 될 것이다! 어떤 아이디어는 위험 수준이 아주 낮다. 그때는 그냥 바로 틈을 시험해보라. 그러나 꿈의 실현에 상당한 수준의 시간과 자원의 투입이 요구된다면 정보 수집 단계에서 지름길을 택하지 말도록 하자.

이 책 집필을 위한 아이디어를 얻었을 때, 나는 이것이 독특하다고 생각했고 내 사업을 위한 추동력 구축에 도움 되는 초기 우위를 만들어 줄 것으로 예상했다. 실제로 한 권의 책 출판은 사람들의 관심을 끌고, 이는 홍보 효과, 강연기회, 워크숍과 컨설팅 업무로 이어진다. 그러나 책 한 권을 쓰는 것에는 수개월의 치열하고 헌신적인 노력이 요구된다. 또한 만약 내가 틀렸을 경우, 내 명성을 해치는 위험을 무릅써야 하는 작업이다. 그러니 나도 틈을 조사해야만 했다.

아마존Amazon, 미국 대형 인터넷 종합 쇼핑몰에서 내가 쓰려는 주제와 관련된 책을 찾아보았다. 두드러지는 경쟁자는 없었다. 또한 비슷한 출판된 보고서들을 훑어보았는데, 대부분이 학술적이었다. 성공의 복리의 개념이 아직 현실적인 사업 분야에 적용되지 않은 상태였다. 유효한 틈이 있는 듯했다.

믿을만한 전문가들과 이 아이디어로 대화를 나누기 시작했다. 그들은 모두 이것이 '거대한 주제'이며 오늘날에 논의하기에 적합하다는 의견을 주었다. 그 격려에 힘입어 나는 내 아이디어에 살을 붙이기 위해 학술적 연구들을 깊이 파보았다(내 초기 우위를 구축하고 있었다!).

몇 달 후 아이디어를 더욱 발전시키기 위해 친구들과 나의 기존 팬들나의 잠재적 소비자들을 통해 아이디어를 검증받았다.

몇 가지 기본적인 아이디어를 블로그 포스팅을 통해 공개했고, 나의 최측근이 아닌 사람들로부터 피드백을 받았다. 나는 과연 무방비 상태의 기회를 포착한 것일까?

시간이 지나야 알게 되겠지만, 내가 할 수 있는 숙제는 완수했다.

📈 이 기회가 나와 내 인생에 개인적으로 적합한가?

삶을 개선하는 작은 아이디어도 있고, 세상을 바꾸는 큰 아이디어도 있지만, 모든 아이디어는 일정 수준의 몰입을 요구한다. 그래서 개인적으로 적합해야 한다.

레블베이스미디어Rebel Base Media 공동 설립자 마크 애스퀴스Mark

가 말했다.

"제품의 시장 적합성이 떨어진다는 생각이 직관적으로 들었기 때문에 정말 많은 아이디어를 서랍에 넣어 두기만 했어요. 그러나 적합한 아이디어였고 적합한 타이밍이었습니다. 그저 내가 준비가 안 되었을 뿐이죠. 제품의 적합성도 중요하지만, 개인적 접합성도 분명 있어야 합니다. 나는 내가 들어가고자 하는 곳을 충분히 경험해보지 않았기 때문에 나의 잠재 고객층을 알 수가 없었어요. 그래서 3년간 내가 직접 소비자가 되어 볼 수밖에 없었고, 그 후 아이디어들을 서랍에서 꺼내놓으니 이들은 훨훨 날 수 있었어요!"

이런 '개인적 적합성'을 해석할 수 있는 다른 방법은 이키가이ikigai, いきがい라는 고대 일본 이데올로기의 렌즈를 통해서다. 삶을 뜻하는 일어 '이키iki, いき'와 가치나 의미감을 뜻하는 '가이gai, がい'의 결합으로, 이키가이는 '목적을 통해 삶의 의미를 찾는 것'을 의미한다. 당신의 이키가이는 아침에 눈을 뜨게 하고 당신의 아이디어를 지속시킨다.

이키가이의 복합적 성질은 네 가지의 겹치는 속성들을 보여주는 벤다이어그램에서 가장 잘 표현된다.

- 당신이 잘하는 것
- 세상이 필요로 하는 것

- 당신이 돈을 벌 수 있는 것
- 그리고 당연히, 당신이 사랑하는 것

가장 기본적인 이론으로 이를 압축시켜보면, 이 속성들이 중간에 겹치는 곳에 바로 당신의 이키가이가, 즉 당신의 목적이 존재한다.

이키가이는 당신의 아이디어의 '적합성'에 있어서 어느 정도 방향성을 제시해줄 수 있을 뿐 아니라, 많은 사회학자는 이런 목적의식의 교차점이 실제로 사람을 더 오래 살 수 있게 해준다고 믿는다. 100세 이

상의 주민들이 평균보다 세 배 이상 거주하는 일본 교토의 작은 마을 교탄고시京丹後市에서 실행된 2017년의 한 연구에 의하면, 어르신들이 이키가이를 지지하는 일과를 매일 반복하며 지냈다고 한다.

애니 알렉산더Ani Alexander는 스타트업들의 멘토이자 내 마케팅 컴패니언Marketing Companion 팟캐스트의 런던 제작자다. 그녀는 '개인적 적합성'이라는 개념이 아이디어의 타이밍에 있어서 핵심적이라고 주장한다.

"아이디어를 한쪽에 치워 놓았지만 계속 머릿속에서 반복적으로 재생된다면, 그 아이디어 때문에 밤에 쉽게 잠들지 못하고, 일평생을 아이디어를 실행했으면 어땠을까 하는 궁금증에 살 것 같다는 느낌이 직관적으로 든다면 그건 추진해야 한다!"

피터 드러커 또한 그의 대표작《기업가정신Innovation and Entrepreneurship / 한국경제신문사, 2004》에서 '기질적 적합성'의 필요성을 논한다.

"혁신가도 혁신의 기회와 기질적으로 조화를 이루어야 한다. 혁신기회는 자신이 보기에 중요성이 있어야 하고 의미를 부여할 수 있어야 한다. 그렇지 않으면 혁신을 성공시키는 데 언제나 필요한 작업, 즉 고된 노력을 꾸준히 해도 종종 좌절감을 맛보게 되는 그 작업을 그들은 추진할 엄두를 내지 못할 것이다."

드러커는 이것이 기업 수준에서도 적용된다고 본다. 그는 몇몇 제약

회사들이 인접 시장인 피부 관리나 화장품 시장의 진입에 실패한 원인이 회사의 과학적 기질과 맞지 않아서였다는 점을 예시로 든다. 기업도 본질적으로 자신만의 이키가이를 가지고 있다.

내가 대학원에 다니던 시절, 당시 베리폰Verifone CEO였던 하팀 타압지Hatim Tyabji로부터 아이디어의 전략적 적합성에 대한 중요한 교훈을 얻은 바 있다. 베리폰은 판매시점관리 전자 자금이체 시스템electronic point-of-sale transaction system / 상점의 전자식 금전 등록기. 한국에서는 흔히 포스(POS)기라고 부른다을 오랜 기간 지배해왔다. 신용카드 거래 승인에 사용되는 계산대 위에 올려져 있는 그 작은 박스 말이다. 1980년대 후반부터 베리폰은 이 제품으로 미국 시장의 50% 이상을 차지해왔다. 하팀은 내가 아는 가장 선구적이고 영감을 주는 글로벌 리더 중 한 명인데, 그는 '사내 기업가정신intra-preneurship'에 대해 굉장히 강한 생각들을 가지고 있었다. 그는 말했다.

"나는 회사 안에서 진정한 기업가정신 운동이 일어나게 할 성공적인 방법은 없다고 생각한다. 두 명을 경쟁을 붙인다고 가정해보자. 한 명은 아늑한 회사의 울타리 안에서, 나머지 한 명은 무소속에 집 차고 앞에서 일하며 실패할 경우 굶어 죽을 위기에 처해있다면, 차고 앞에서 일하는 사람이 늘 이기기 위한 모든 노력을 다할 것이다. 그래서 나는 그런 종류의 추동력을 베리폰처럼 큰 조직의 기업문화에 재현해보는 방법이 늘 고민되었다."

하팀은 가치 있는 기업가적 아이디어나 유효한 틈을 보유한 베리폰 직원이라면 그 누구에게나 다음과 같은 제안을 했다고 한다. 초기 자본과 사무실로 사용할 수 있는 창고를 제공하는 대신, 혁신가들은 베리폰 직원 신분을 유지할 수 없었다. 혜택도, 월급도, 안전망도 없는 상태. 그들은 독립된 경영자처럼 아이디어를 성공시켜내야만 했다.

이 CEO는 베리폰 사가 이런 방식을 이용해 퇴직한 직원들로부터 개발된 핵심 기술을 사들였던 몇 가지 성공사례들을 알려주었는데, 이는 양쪽 모두 득을 보는 상황이었다. 퇴사자들은 부유해졌고, 베리폰은 민첩한 기업가적 속도로 시장에 새로운 아이디어들을 선보일 수 있었다.

타이밍이 전부이니만큼 속도가 전부다.

그렇다면 고객이 겪는 문제를 해결할 수 있으면서 '개인적 적합성'이 있는 초기 우위를 발견한 후, 아이디어를 위한 타이밍이 적합한지 어떻게 알 수 있을까? 이는 중요한 질문이다. 그리고 다음 장에서 그 중요한 해답을 제시하겠다.

PART 05

불확실성의 확실성

The Certainty Of Uncertainty

1980년대 중반에 나는 처음으로 제품 론칭 관련 일을 맡았고, 이는 어마어마했다! 말 그대로 NASA의 로켓을 하늘로 발사launch 하는 일이었다.

당시 내 직장이었던 알코아Alcoa는 새로운 시장 기회를 얻기 위해 몇 년간 연구를 진행해온 상황이었다. 인공위성을 통해 텔레비전 방송 신호를 잡을 수 있도록 집에 부착하는 작은 '접시 수신기TV 위성 수신기'를 제작하고자 했다. 우리 회사는 세계 대표 전자회사 중 하나인 일본 NEC와 파트너십을 맺었고 그들이 이 획기적인 제품의 부품을 제공하기로 되어있었다. 우리처럼 꼼꼼하고 빈틈없었던 NEC도 시장 기회 검증을 위해 수백만 달러를 투자한 상황이었다. 위성 안테나 TV가 케이블에 대적할 경쟁 상품이 될 것이고, 케이블이 이용 불가능한 지역에서는 오히려 선호되는 기술이 될 것을 뒷받침하는 정보가 두 회사 사이에 말 그대로 몇 트럭 채씩 존재했다. 진입장벽이 워낙 높아 무방비 상태의 기회이기도 했다! 틈을 뚫고 돌진해야 할 타이밍이었다.

젊은 마케팅 전문가로서 이보다 더 흥미로운 일은 없었다! 텔레비전과 우주 위성의 조합은 B2B 금속 회사에 다니는 직원으로서 누릴 수 있는 가장 매력적인 업무였다.

데이터는 견고했다. 추정치들은 끝없는 상승하는 '하키채 모양'을 띠었고, 우리 파트너십에 수익성 있는 미래를 약속해주었다. 그리고 나는 이 모든 것의 중심에 서 있었다.

그런데 1986년 1월 28일 오전 11시 39분, 미국은 역사상 가장 속이 뒤틀리는 비극을 경험하게 된다. 학교 선생님이자 최초의 여성 민간인 우주 비행사였던 크리스타 매콜리프Christa McAuliffe가 탑승한 우주왕복선 챌린저호가 이륙 73초 만에 불덩어리가 되어 산산조각이 난 것이다. 나는 죽을 때까지 그 순간과 그때 내 뺨을 타고 흘러내린 눈물을 잊지 못할 것이다. 뉴스는 극적인 그 장면을 계속 틀어줬다. 그 폭발 장면은 내 영혼과 내 조국의 영혼에 깊이 새겨져 있다.

당시의 챌린저호는 우리의 TV 위성을 싣고 가고 있었다.

참사 후 우주왕복선 프로그램은 32개월 동안 보류되었다. 알코아는 위성 네트워크를 다시 론칭하려면 10년은 더 기다려야 할 것으로 예상했다. 회사는 결국 5개년 개발 프로젝트를 종료시켰고, NEC와의 파트너십도 끝이 났다.

시간이 흐른 뒤 '접시 TV'는 현실이 됐다. 비록 알코아는 그 사업에 참여하지 못했지만, 그들의 예측은 틀리지 않았다. 상품은 성공적이었고, 유행의 정점에서 미국의 3,500만 가구가 그 작은 수신기를 소유했다.

이 이야기의 핵심은 수년간의 계획과 연구, 개발에 수백만 달러를 투자하고 파트너십을 맺더라도, 새로운 아이디어를 소개하는 데 엄청난 불확실성이 따른다는 것이다.

알코아의 프로젝트는 가슴 아픈 사고에 희생되었다. 아이러니하게도 내가 정말 좋아하는 다른 회사는 어떤 사고 덕분에 성공하게 되었다.

트위터 지진

트위터는 본래 오디오Odeo라는 스타트업의 내부적인 부수 사업이었다. 오디오는 팟캐스트들의 이른바 홈룸homeroom, 학생들이 등교하면 출석 확인 등을 위해 가장 먼저 모이는 교실이 되는 꿈을 꾸고 있었지만, 애플이 아이튠즈를 2005년에 론칭하며 유망해 보였던 이 틈은 단 하루 만에 사라졌다.

오디오의 창립자들은 빠르게 새로운 아이디어가 필요했고, 직원 중 잭 도시Jack Dorsey가 거의 10년간 고안해온 작은 문자 메시지 서비스가 가장 유력한 후보로 올랐다.

오디오는 2006년 봄에 트위터를 론칭했는데, 대대적인 광고와 투자자들의 아낌없는 후원에도 불구하고 첫해에는 사용자가 채 500명도 안 됐다. 꾸물거릴 시간이 없었다.

그러던 중 2007년 10월 30일 오후 8시 4분에 트위터의 본사가 있는 샌프란시스코에서 얼럼락Alum Rock 지진이 발생했다. 지진의 강도는 5.6으로 근 20년간 베이 에리어Bay Area, 샌프란시스코 만안(灣岸) 지역에 발생한 지진 중 가장 강력했다. 다행히 지진으로 막대한 피해가 발생하진 않았으나 전기 및 다수의 전화 서비스가 끊겼다. 이때 북부 캘리포니아Northern California 인구는 피해 상황과 여진 상황 업데이트를 위해 갑자기 트위터를 쓰기 시작했다.

이틀 만에 트위터 사용자는 몇백 명에서 몇만 명으로 늘어났다. 그 후엔 모두가 아는 이야기가 전개되었다. 작은 파란 새는 결국 수백만 명의 팬들의 마음을 사로잡고 그 가치가 50억 달러에 달하게 되었다. (여담이지만, 내가 트위터 관련 베스트셀러 《트위터의 도The Tao of Twitter》를 썼다는 사실을 알고 있는가?)

내 커리어가 우주선 폭발과 지진에 의해 극적으로 빚어졌다는 사실이 상당히 무섭기도 하다.

타이밍이 전부다

이 이야기들은 어떤 아이디어를 위한 이상적인 타이밍 예측 작업이 위험할 수도 있다는 것을 보여준다! 알코아의 예시에서는 아주 유망한 틈이 100% 보장된 듯해 보였지만 아니었고, 트위터의 경우 말 그대로 땅에 금이 가자 틈이 생겨났다.

그 어떤 혁신적인 아이디어에는 상당한 불확실성이 존재하지만, 타이밍의 중요성은 부인할 수 없다. 이때 아이디어의 타이밍은 제품을 일사분기에 출시할지 이사분기에 출시할지의 문제가 아니다. 이는 산업과 문화적 상황이 적합할 때, 언제 당신의 틈을 향해 달려가야 할지 아는 것과 관련된 문제다. 이는 보통 통제될 수도 그리고 많은 경우 정의될 수도 없다.

사업가 빌 그로스Bill Gross는 유명한 테드 강의에서 수백 개의 스타트업들과 그들이 왜 성공했는지에 대한 분석을 선보였다The single biggest reason why start-ups succeed." YouTube, uploaded by TED, 1 June 2015. 어떤 아이디어가 성공적인 비즈니스로 나아가게 되는 주된 원인은 바로 '타이밍' 이다. 성공의 42%가 적합한 타이밍에 원인을 두고 있었던 반면, 32%가 실행력, 28%가 독특한 아이디어였다.

빌은 에어비엔비숙박 공유 서비스와 우버차량의 운전 기사와 승객을 모바일 앱을 통해 중계하는 서비스처럼 예상치 못했던 성공 사례들에 주목했다(많은 똑똑한 투자자들이 퇴짜를 놓았던 사업들이다). 두 기업 모두 사람들이 추가 소득을 확보할 수단이 필요했던 경제 침체기에 탄생했고, 이는 좋은 타이밍이 되었다.

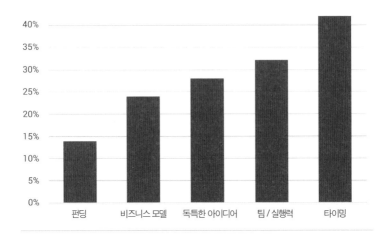

아이디어 성공의 원천

빌은 말했다. "우리는 제트 닷컴Z.com이라는 온라인 비디오 엔터테인먼트 회사를 차렸습니다. 충분한 자금을 확보했었고, 탄탄한 비즈니스 모델이 있었기 때문에 사업의 전망에 대해 들떠 있었죠. 회사는 할리우드 배우와 계약까지 했습니다.

그러나 2000년엔 브로드밴드 침투력이 너무 낮았어요. 그리고 기술적인 문제 때문에 온라인으로 비디오 콘텐츠를 보기 어려웠습니다. 결국, 회사는 2003년에 폐업했죠.

그로부터 불과 2년 후 어도비 플래시 덕분에 기술적 문제가 해결되며 미국의 브로드밴드 침투율이 50%에 달했죠. 유튜브를 위한 타이밍은 완벽해졌습니다. 유튜브는 비즈니스 모델조차 없이 시작되었음에도 타이밍이 너무 적합했기 때문에 살아남을 수 있었죠."

만약 당신이 어떤 아이디어에 푹 빠져있는 상태라면, 타이밍이라는 불가사의한 것이 당신의 운명을 좌우할 수 있음을 받아들이고 싶지 않을 것이다. 너무 빠르거나 너무 늦게 행동하는 것은 틈을 상실할 위험을 불러온다.

클레이턴 크리스찬슨Clayton Christianson은 이를 '혁신가의 딜레마The Innovator's Dilemma'라 칭했다. 아직 존재하지 않는 시장을 쉽게 분석할 수는 없으므로, 성공한 기업들의 새로운 아이디어조차 종종 실패로 끝나게 된다.

아이디어의 타이밍이 그렇게 중요하다면 운을 유리하게 끌어당기기 위해 할 수 있는 무언가가 있을까? 그저 불확실성의 확실성을 받아들여야만 할까?

가치에 대하여

많은 사례 및 서적들, 그리고 아이디어 출범의 학예에 관한 경영인들의 서한을 읽어본 후, 나는 가치 있는 아이디어가 이상적인 타이밍을 만났을 때 비로소 추동력이 형성된다는 결론을 내렸다.

우리는 타이밍을 통제할 수는 없지만, 분명 '가치 있는 것'에는 영향을 미칠 수 있다. 우리는 '가치'에 집중함으로써 불확실성을 낮추고 승산을 높일 수 있다. '가치'는 거대하고 판단의 여지가 가득한 개념이다. 그러나 이 단어의 가장 깊은 의미는 획기적인 아이디어를 세상에 공개하거나 책상에 다시 집어넣게 할 수 있다.

아이디어를 개시하기에 적합한 타이밍인지 아닌지는 다음 질문들에 답하며 알아낼 수 있다.

- 당신의 아이디어는 고객을 위한 가치가 있는가?
- 당신의 아이디어로 전투에 임할 가치가 있는가?
- 당신의 아이디어는 진실을 가치 있게 여기는가?

📈 당신의 아이디어는 고객을 위한 가치가 있는가?

나는 톰 피터스Tom Peters가 그의 걸작《초우량 기업의 조건In Search of Excellence / 더난출판사, 2005》에 대한 영감을 어떻게 얻었는지 설명하는 다음의 문구를 좋아한다.

"《초우량 기업의 조건》을 쓰면서 내가 무엇을 하고 있는지 정확히 몰랐다. 혁명의 신호탄을 쏘아 올리려는 것은 아니었다. 그러나 의제는 분명히 있었다. 나는 진짜, 아주 깊이, 진심으로 그리고 열정적으로 화가 난 상태였다! 그래서 하고 싶은 말이 무엇이냐고? 비즈니스에서 정치 분야까지 혁신의 거의 100%가 '시장 조사'가 아닌 현 상태에 대해 몹시 화가 나 있는 사람들로부터 영감을 받는다는 것이다."

톰은 내가 만든 '가치 있는' 질문 리스트에 빠져있는 중요한 단어를 언급한다. '열정'. 나는 당신이 아이디어에 열정적이지 않다면 이를 개시할 생각조차 하지 않을 것이라고 전제한다. 그 아이디어 때문에 당신은 잠들기 힘들 것이고, 주변 사람들은 당신이 이에 집착한다고 말할 것이다. 아이디어는 당신의 뇌리를 떠나지 않을 것이다. 당신은 그것을 그도 보고, 노래로도 불러볼 것이다.

나의 철학자이자 멘토인 로버트 크로스비Robert Crosby는 "약점이라는 개념은 없고 그저 과도한 강점이 존재할 뿐."이라고 내게 설명한 바 있다. 이는 상당한 지혜를 품고 있는 생각이다.

'자신감은 강점이지만, 그것이 과하면 자만심이 된다.

결의는 강점이지만, 그것이 과하면 집착이 된다.

그리고 열정 또한 강점이다.

그러나 지나친 열정은 현실 직시에 방해가 된다.'

이것이 내가 거대한 아이디어를 지닌 사람들에게서 관찰해온 주된 문제다. 그들의 아이디어는 그 아이디어가 섬겨야 할 대상이 아니라 자기 자신과 자신의 자존심에 대한 문제로 변질된다.

내 웹사이트에는 누구나 나와 한 시간 동안 상담할 수 있는 공간이 존재한다. 수년간 수백 개의 개인 컨설팅 세션을 진행하면서 마주했던 공통된 문제는 '사업가들이 어떤 뚜렷한 문제가 해결되지 않은 아이디어를 붙잡고 있다는 것'이다. 그들은 그 아이디어에 워낙 애착이 강한 나머지 명백한 진실을 보지 못한다. 진실을 듣고 싶어 하지도 않는다. 그에 반대하는 자들은 환영받지 못하는 '악플러hater'일뿐이다.

아쿠아랩AquaLAB의 커뮤니티 매니저 캐롤라인 맥큘로Caroline Mc-Cullough는 어떤 아이디어에 대한 맹목적 믿음은 프로젝트를 순식간에 망칠 수 있다고 말한다.

"사람들이 무엇을 중시하는지 경청할 때 비로소 타이밍을 알 수 있다. 아이디어의 검증은 기회가 아닌 동의를 구한다는 점에서 내재적인 문제를 안고 있다. 당신이 기회를 찾기 위해 경청하고 있다면 해답은 당신이 섬기고자 하는 바로 그 사람들이 제공할 것이기 때문에 적절한 타이밍을 명확하게 알 수 있다."

그로우슈어Grow-Sure 상무이사 마크 후드Mark Hood는 똑똑한 혁신가라면 아이디어의 진실을 마주하기 위해 낙관적 견해와 맞서 싸워야 한다고 말한다.

"당신은 '할 것 같은가'와 '할 것인가'를 혼동해서는 안 된다. 예를 들어보자.

당신은 이 새로운 스포츠카를 구매할 것 같은가?

네, 구매할 것 같습니다. 이 차를 타면 정말 멋있어 보이겠네요!

그럼 구매할 것인가?

아니요. 너무 비싸기도 하고 내 보트를 끌고 가지 못하니까요.

이처럼, 제품의 타이밍은 '이럴 것 같다'라는 당신의 소망이 아니라, 시장의 진정한 수요에 맞추기 취해 최선을 다하는 것이다."

추동력을 얻기 위해 아이디어는 간단해야 하고 하나의 고객 문제에 집중되어 있어야 한다. 하나만 하지 않으면 사람들은 헷갈려 한다. 당신이 들을 수 있는 최고의 피드백은 "이건 너무 당연하네. 왜 그 생각을 못 했지?"이다.

빌 그로스는 "팀과 실행력도 중요하고, 아이디어도 중요하지만, 타이밍이 가장 중요하다. 타이밍을 진단하기 위한 가장 좋은 방법은 소비자들이 당신이 제공하려 하는 것을 받아들일 준비가 되었는지 제대로 살펴보는 것이고, 그것에 대해 솔직해지는 것이다. 당신이 그 제품을 아낀다는 이유만으로 현실을 부정해서는 안 된다."라고 말했다.

생각해 보길 바란다. 당신의 아이디어가 소비자에게 가치 있고 현재의 수요에 맞는 가치인가?

📈 당신의 아이디어로 전투에 임할 가치가 있는가?

아이디어를 개시하는 것은 뒷마당에서의 긴 싸움을 준비하는 것과 비슷하다. 당신이 틈에 대해 얼마나 확신하고 있는지와 상관없이 불확실성은 당신을 습격해 최악의 타이밍에 추동력을 망쳐놓게 되어있다.

피터 드러커는 수업 시간에 우리에게 이런 말을 하곤 했다.

"실패하는 것은 괜찮지만, 너무 심하게 실패해서 평생 빠져나오지 못할 구멍에 떨어져서는 안 된다. 성공적인 혁신가들은 보수적이다. 위험에 집중하지 않는다. 기회에 집중할 뿐이다."

즉, 너무 심하게 넘어지지 않도록 당신의 아이디어 주변에 안전 완충지대를 설치하는 것이 중요하다.

당신에게는 가장 높은 성공 확률을 안겨줄 수 있는 인맥, 자원, 후원 그리고 사람들이 존재하는가? 아니면 너무 무리한 나머지 모든 미래의 노력도 위태롭게 하고 있는 건 아닌가?

이런 생존의 개념과 관련된 콘텐츠는 수도 없이 많이 만들어져 왔고, 대표적으로 에릭 리스Eric Ries의 최소 실행 가능 제품minimum viable product, 완전한 제품 출시 전, 최소 실행 가능한 형태로 출시해 고객들의 반응을 살펴봄 또는 MVP가 있다에릭 리스가 설립한 '린 스타트업(The Lean Startup)'은 이 아이디어를 탐구하기에 적합한 자료들을 제공한다. 그러니 내가 이에 대해 더 길게 설명할 필요는 없을 것이다. 주된 개념은 구명보트를 가라앉히지 않으면서, 틈의 가능성을 실험해보기 위해 실용적인 전투 계획을 짜는 것이다.

에릭은 추동력 구축이 하나의 아이디어에 바로 올라타는 것이 아니라 이를 관리해나가는 것이라고 주장한다. 성공하려면 최대한 적은 투자와 적은 인력으로 작게 시작해야 한다. 그렇지 않으면 아이디어의 도약에 필요한 조정을 하기 어려워진다.

플래그스타은행Flagstar Bank의 임원 크리스티 수캄누Christy Soukhamneut는 "아이디어를 관리하는 과정에서 역풍은 항상 존재한다. 아이디어를 조정하고, 발전시키고, 바꾸면서 역풍이 강해지거나 약해지는 것을 느낄 수 있다. 역풍이 잠잠해지기 시작하면 아이디어를 위한 적합한 타이밍이 도래했다는 뜻이다."라고 말했다.

러트거스대학교 강사이자 존슨앤존슨Johnson & Johnson 전직 브랜드 매니저인 알렉산드라 쿠니시Alexandra Kunish는 다음과 같이 덧붙였다.

"시장에서 두 번째이거나 세 번째인 것은 거의 개척자로부터 경험을 빌려오는 것과 동일하다. 제품의 어떤 부분이 성공적이고 어떤 면이 그렇지 못한지, 소비자 반응, 리뷰와 가격정책 등을 관찰하며 그에 기반을 두고 더 발전시킬 수 있다."

이상적인 타이밍은 불확실한 상황에서 계속되는 전투를 하기 위한 준비를 마쳤다는 뜻이다. 싸울 준비가 되었는가?

📈 당신의 아이디어는 진실을 가치 있게 여기는가?

내 인생의 가장 큰 사업 실패 중 하나는 '진실'을 외면했기 때문에 찾아왔다. 나는 기업과 협회 행사에서 생성되는 방대한 양질의 콘텐츠를 시스템적으로 널리 확산해야겠다는 아이디어를 몇 년 동안 가지고 있었다. 매주 다양한 콘퍼런스에 참여하며 준비 위원들이 실시간 소셜 미디어 콘텐츠를 위한 효과적인 '뉴스룸'을 만들 능력이 없음을 깨달으며, 이 작업의 틈을 실감하게 되었다. 그러나 하루는 바쁘게 지나갔다. 이것은 내 공책에 있는 하나의 아이디어로 남아있을 뿐이었다. 우연히도 몇 년 후 나와 똑같은 아이디어를 가진 기업가가 나를 찾아왔다. 그는 동맹을 제안했다. 그 젊은이는 그 분야에서 어느 정도 경험이 있었고, 프로젝트를 위한 엄청난 열정을 가지고 있었다. 나는 내가 아끼는 아이디어에 드디어 추동력을 구축한다는 생각과 틈의 높은 잠재력에 매료되었다.

그러나 나는 나의 새로운 파트너가 이 싸움을 위한 자원이 없다는 것을 알고 있었다. 이 사업은 2년이 걸릴 텐데, 그는 6개월 치 투자금만을 보유하고 있었고 첫 아이가 예정되어 있었다. 그러나 나는 이러한 진실을 애써 외면했다. 예상하듯 그는 현금이 떨어졌고, 우리의 스타트업은 그렇게 6개월 만에 폐업했다.

당신의 마음과 머리 모두에 귀를 기울여라! 성공적인 혁신가들은 왼쪽과 오른쪽 두뇌를 다 사용한다. 그들은 위대한 사람들에게 주목하지만, 동시에 분석된 데이터와 사실 또한 존중한다. 이 경우 나는 진실과 내 직감을 모조리 무시했다.

캐스티드Casted의 CEO 린제이 쳅케마Lindsay Tjepkema는 당신의 경험이 새로운 아이디어에 근접한 순간 직감이 굉장히 중요해진다고 강조했다.

"타이밍에 있어서 직감은 대단히 중요하다. 마법이나 별자리 혹은 보석 때문이 아니고, 내 직감이 내가 이 행성에 살면서 축적한 파일들과 데이터 조각들을 보관하는 슈퍼컴퓨터이기 때문이다. 이는 지속적으로 정보를 회수하며 내 전문성을 연마해주고 있고, 무엇보다 다른 누구에게도 없는 나만의 고유한 것이다.

사업가에게 가장 큰 도전은 자신의 직감이 상황에 적합한지 아닌지 판단하는 것이다. 왜냐고? 다른 이들이 이에 의문을 품고 그를 쓰러뜨리려 할 것이기 때문이다. 그러나 오직 나만이 내 경험을 토대로 한 완벽한 정보를 가지고 있다. 내가 직감적으로 타이밍이 왔음을 느낀다면, 그 감을 믿고 두려움이 기회를 가로막는 것을 방지하는 것은 온전히 내 몫이다."

다만, 오늘날엔 특히 위험의 정도나 진입장벽이 낮을 때 옳은 것보다 재빠른 것이 더 중요할 때가 많다. 지나치게 오래 생각해서 틈이 닫히게 두지 말자. 직감은 소중하다.

강력한 개선책

시장이 레드오션이라거나 안정적이게 보인다는 이유만으로 변화를 위한 타이밍이 아니라고 단정할 수는 없다. 가장 유망한 틈은 경쟁자들이 눈치채지 못하거나 게으를 때 생겨난다. 가장 성공적인 혁신들은 기존의 아이디어들을 더 개선된 형태로 출시하는 것으로부터 비롯된다.

애플은 아이팟iPod을 통해 음악 감상 방법의 혁신을 이끌어 냈지만, 그것이 첫 MP3 플레이어 형식은 아니었다. 두 번째도 아니었고 세 번째도 아니었다. 그러나 아이튠즈라는 음악 관리 소프트웨어를 통해 음악 시장 변화의 타이밍을 발견해낸 것이다.

믹스앤샤인 마케팅과 PRMix+Shine Marketing and PR의 공동 설립자 에이프릴 샤치타노April Sciacchitano는 말했다.

"좋은 아이디어가 떠오르는 즉시 우리는 구글에 검색해 봅니다. 그리고 보통의 경우 경쟁자를 발견하게 되죠. 그때 가장 먼저 드는 생각은 우리가 이미 늦었다는 거예요. 이미 아이디어가 실현된 상태니까요. 그런데 실제로 우리가 발견한 것은 이제 막 부상하거나 검증된 시장일 뿐입니다. 두 번째나 세 번째가 되는 거요? 그게 아이디어를 위해 더할 나위 없이 좋은 타이밍일 수 있죠."

타이밍은 핵심적이며 동시에 규정짓기 어렵다. 그러나 방금 보고 온 마지막 두 장의 개념들에 집중해 아이디어의 추동력을 구축한다면, 당신은 적합한 타이밍에 다음의 틈의 기회를 활용할 수 있을 것이다.

- 고객 니즈에 초점을 맞춘 아이디어
- 개인적 및 전문적 '적합성'이 있는 아이디어
- 데이터 및 시장의 진실과 일관성 있는 아이디어

이제 우리에겐 가치 있는 아이디어가 있고, 우리만의 틈을 발견했으니 계속 나아갈 준비가 되어있다. 그러나 성공의 복리를 향한 여정의 다음 단계로 나아가기 전에 타이밍이 어떻게 팀 페리스와 나의 추동력 방향에 영향을 미쳤는지 생각해 봐야 한다.

나는 경로에서 이탈했다

팀 페리스는 자신의 책 출간 타이밍이 세계 금융위기의 영향으로 지치고 불안해하는 세대와 맞물려 '완벽했다'고 말했다. 이 지점에 그가 발견한 기회의 틈이 존재한다. 즉, 당시 팀 페리스의 세대에는 그 분야의 권위자 혹은 지도자가 없었던 것이다.

〈뉴요커 The New Yorker, 미국의 시사 주간지〉의 한 기사에 레베카 미드 Rebecca Mead는 모든 "세대에는 그 세대에 걸맞은 자기변혁 권위자가 주어진다."라고 썼다.

1937년 대공황이 한창일 때 나폴레온 힐 Napoleon Hill은 비록 앤드류

카네기를 한 번도 만나본 적 없었지만, 카네기를 부유하게 만들어주었던 신조들을 추출하였다며 《생각하라 그러면 부자가 되리라Think and Grow Rich / 와일드북, 2021》를 집필했다. 두려움에 질려있던 절박한 국가는 그가 완벽한 사기꾼이었다는 사실을 눈감아주고 아마도 첫 자기계발계의 권위자로 드높여주었다. 나폴레온 힐과 그의 생각들을 재미있게 읽으려면, 매트 노바크(Matt Novack)의 글 〈나폴레온 힐의 알려지지 않은 이야기, 희대의 자기계발 사기꾼(The Untold Story of Napoleon Hill, the Greatest Self-Help Scammer of All Time), Gizmodo, 6 Dec. 2016〉을 추천한다.

1952년에 노먼 빈센트 필Norman Vincent Peale이 출간한 《노먼 빈센트 필의 긍정적 사고방식The Power of Positive Thinking / 세종서적, 2020》은 '하루에 최소 두 번 이상 머리를 비우는 작업'과 같은 기법들이 성공으로 인도해줄 것이라며 독자들에게 조언했다.

1970년대에 베르너 에르하르트Werner Erhard와 그의 신비한 '에스트Est, 에르하르트가 만든 자기변혁 프로그램' 과정은 정신적 깨우침을 통해 물질적 부를 약속했다.

80년대와 90년대에는 스티븐 코비Stephen R. Covey의 《성공하는 사람들의 7가지 습관The 7 Habits of Highly Effective People / 김영사, 2021》과 같은 책들의 뉴에이지New Age, 기존 서구식 가치와 문화를 배척하고 종교·의학·철학·천문학·환경·음악 등의 영역의 집적된 발전을 추구하는 신문화운동 사상이 관리 및 상담 명언들과 결합되었다.

최근 10년 동안은 예측 불가능한 업무 현장의 시대에서 독자들에게 전문적 잠재력의 극대화를 약속하는 스펜서 존슨Spencer Johnson의 《누가 내 치즈를 옮겼을까?Who Moved My Cheese? / 진명출판사, 2015》와 같은 책들이 부상했다.

팀 페리스의 책들은 치즈 그 자체에 더는 매력을 느끼지 못하는 자들을 끌어들인다.

"이 책은 당신의 꿈의 직장을 찾는 것에 관한 것이 아닙니다."라고 페리스는 명시하며 다음과 같이 말한다. "대략 60~70억 명 정도 되는 대부분 사람에게 완벽한 직장은 가능한 가장 적은 시간을 투입해도 되는 직장입니다."

그러나 팀 페리스는 게으름을 권장하진 않는다. 오히려 그는 각자 자신만의 인생 코치, 엔젤투자자, 웹마스터, 개인 트레이너, 의료적 실험의 대상이 되는 몸과 마음의 하이퍼키네틱hyperkineti, 운동 과잉 최적화의 일종을 처방한다. 그의 책들은 에너지바를 먹으며 〈와이어드Wired, 기술이 문화, 경제, 정치 등에 미치는 영향을 다루는 잡지〉를 읽는 독자들에게 울림을 주었다. 그들은 팀 페리스의 글을 통해 부러울 정도의 건장함이 곁들여진 향상된 총명함을 약속받았다.

팀은 눈 깜짝할 사이에 틈을 뚫고 들어가 끊임없이 달렸다. 완벽한 타이밍에 완벽한 아이디어였다!

그럼 바로 나, 마크 W. 셰퍼는 어땠을까?

우연히 얻게 된 나의 통찰력의 핵심은 비즈니스의 세계가 빠르게 변하고 있으며, 모든 것에 대해 의견을 표명하는 디지털 세계 토박이들에게 대중 매체 거물들의 권력이 이양되고 있다는 점이었다. 우리는 인플루언서 마케팅 혁명의 벼랑 끝에 서 있었지만, 이를 알아채고 있는 사람이 거의 없었다.

당신에게 세계가 이 개념에 대해 얼마나 무관심했는지 보여주기 위해 2012년부터 '인플루언서 마케팅'의 상대적 검색량을 보여주는 구글 트렌드 Google Trends 그래프를 가져왔다.

인플루언서 마케팅의 검색량

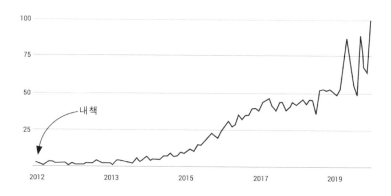

여기서 나타나는 명백한 트렌드를 보면 인플루언서 마케팅에 대한

관심이 네브래스카주 초원의 7월의 해바라기들처럼 하늘로 솟구치고 있음을 알 수 있다. 나는 2년 이내에 이 아이디어가 유명해질 것이며 마케팅 상품의 대세가 될 것으로 예상했었고, 그 예측은 맞아떨어졌다. 인플루언서 마케팅에 관련된 내용의 책들은 내 책이 출판된 시점으로부터 2년 뒤에 생겨났다. 무방비 상태의 기회가 있었고 나는 전속력으로 이를 뚫고 나왔다.

그러나 안 좋은 소식이 있다면, 뚫고 나온 그곳에는 나를 맞이해줄 사람이 아무도 없었다는 것이다! 내 아이디어를 위한 대중적인 시장은 여전히 나를 쫓아오지 못한 채였다. 그래서 책이 그만큼 잘 팔렸던 것이 오히려 놀랍다(이것의 이유는 다음 장에서 더 자세히 말해보는 걸로 하자). 처음으로 내 경로가 오프라의 영향권에서 멀어지는 것을 볼 수 있었다. 팀의 타이밍은 정확했지만, 내 타이밍은 대중적인 시장의 수용이 이루어지는 시점보다 몇 년 빨랐다.

이는 타이밍에 대한 핵심적인 교훈이다. 당신의 혁신은 명확하게 현존하는 문제를 대상으로 해야 한다.

컴퓨터가 대중적 시장을 찾기까지는 25년이 걸렸지만, 초기 기술 발전은 회계, 과학적 계산, 시뮬레이션 분야에서는 즉각적으로 활용될 수 있었다.

토머스 에디슨이 전구 발명 프로젝트를 위한 팀을 소집하기 10년 전부터 전구를 개발하고 있었다는 사실은 잘 알려지지 않았다. 그는 먼

미래가 아닌 현재에 실용적인 제품을 만들기 위해 충분한 연구와 지식, 시장 견인牽引이 가능할 때까지 기다렸다. 그리고 적합한 타이밍이 찾아왔을 때, 그는 가진 모든 것을 쏟아부었다.

내 타이밍에 대한 후회는 없다. 사실 그때 책 출판의 기회가 찾아왔기 때문에 나에게는 적합한 타이밍이었다고 볼 수 있다. 맥그로힐에 "아닙니다, 나에게 어떤 예감이 찾아왔으니 조금 기다려 봅시다."라고 말할 순 없는 노릇이었다. 그리고 인플루언서 시장의 추동력이 아직 2년이 남았다는 것을 누가 정확히 알 수 있었겠는가?

타이밍이 전부다. 팀에겐 이것이 맞아떨어졌고, 나는 이를 누리지 못했다. 그러나 내게도 '음속 폭음'은 있었다.

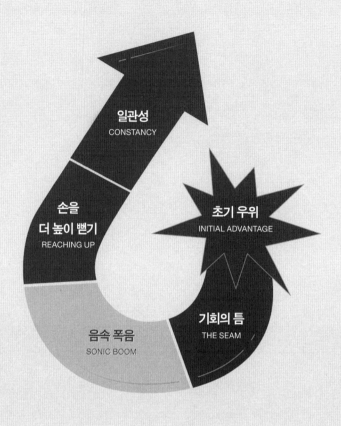

일관성
CONSTANCY

손을
더 높이 뻗기
REACHING UP

초기 우위
INITIAL ADVANTAGE

기회의 틈
THE SEAM

음속 폭음
SONIC BOOM

음속 폭음

"입에 오르내리는 것보다 안 좋은 것이 딱 하나 있는데
이는 입에 전혀 오르내리지 않는 것이다."

오스카 와일드 Oscar Wilde

PART 06

음속
폭음

The Sonic Boom

설리나 보이드Serlina Boyd는 2020년 팬데믹으로 인한 락다운Lockdown 기간에 자신의 런던 아파트에서 지루해하는 아이들의 흥미를 끌 만한 무언가를 찾고 있었다. 평소에 하던 게임과 영상 시청에는 싫증을 내고 있던 터라, 그녀는 6살 딸 페이트를 위한 어린이 잡지를 구매하기 위해 가판대로 향했다. 함께 잡지를 읽으며 설리나는 간행물에 페이트나 그녀의 친구들처럼 생긴 어린이가 단 한 명도 등장하지 않는다는 점을 깨달았다. 이 주류 매체에 다양성과 대표성이 심각하게 결여되어 있던 것이다. 이것이 아이디어의 초기 불씨가 되었다. 그 결과 경제위기 속에서 7~14세 흑인 아이들을 위한 《코코아걸Cocoa Girl》과 《코코아보이Cocoa Boy》 종이 잡지가 탄생했다.

설리나는 잡지 발간과 관련된 짧은 경험이 있긴 했다. 그녀는 능력 있는 그래픽 아티스트로서 버진항공사Virgin Airlines의 기내 잡지 《베라Vera》의 디자인 지원팀에 근무한 바 있었다. 그럼에도 《코코아걸》은 위험한 모험 같았다.

갑작스럽게 닥친 팬데믹과 제한된 자금 탓에 제대로 된 시장 조사는 사실상 불가능했다. 친구들과 멘토들은 종이로 된 발간물이 죽어가고 있는 시대에 새로운 종이 잡지를 출간하는 점에 대한 의견이 분분했다. 멘토 한 명은 대중의 관심을 전혀 끌지 못할 것이라며 대놓고 반대했다.

틈은 명백하지 않았지만, 감수해야 하는 위험이 낮다고 판단했으므로 설라나는 자신의 계획을 밀고 나갔다.

전 세계적 건강 위기 때문에 새로운 어린이집을 열려고 했던 그녀의 계획은 요원해졌고, 그녀의 집착과 목적의식, 즉 '이키가이'는《코코아걸》을 세상에 나오게 하는 것에 집중되었다. 락다운의 제약 때문에 설라나는 잡지 발간을 위해 외부의 도움을 받을 수 없었으므로, 사진작가였던 남편에게 부탁해 딸을 첫 번째《코코아걸》표지 모델로 사용했다. 또한 편집자 친구들을 설득해 초판 발간 과정에서 지도를 받았다. 이는 원격으로 이루어졌다.

초판은 학습, 패션, 공예, 원예와 흑인 역사에 관한 내용을 포함하며 아름답고 영감을 주는 내용으로 구성되었다. 독자층 확보에 그녀는 자신 있었다. 그녀는 말했다.

"나는 종이 형태 발간물이 죽었다고 생각하지 않는다. 그것의 콘텐츠가 죽었을 뿐이다."

설라나가 잡지의 공식 발간 날짜를 정한 상황에서, 전 세계적으로 인종 문제가 다시금 대두되기 시작했다. 그녀는 자신의 출판물이 그 어느 때보다 적절할 수 있겠다는 생각이 들었다. 지금이 가장 완벽한 타이밍일 수도 있었다.

공식 발간에 앞서 설라나는《코코아걸》과《코코아보이》의 표지를 링크와 함께 페이스북에 게시하며 첫 번째 주문이 들어오기를 기다렸다. 그러자 대중매체가 그녀를 발견했다. 그 첫 번째 페이스북 게시물 이후 일어났던 일들은 다음과 같다.

첫째 주

패션+뷰티 모니터Fashion + Beauty Monitor에 잡지 출간과 관련된 작은 알림이 떴다. 이를 다룬 런던 신문 〈미러Mirror〉하루 평균 50만 매 배포의 기사 공유 횟수가 2만 회를 웃돌았다.

둘째 주

ITV 런던 뉴스ITV London News가 잡지의 출간을 보도했다.
BBC가 이 혁신적인 잡지의 출간을 황금시간대 특별 코너로 다뤘다.

셋째 주와 넷째 주

야후!뉴스Yahoo!News가 런던 아파트에서 이제 막 초판을 출간한 이 잡지를 다룬 영상을 세계적으로 보도했다. 〈액세스 할리우드Access Hollywood〉가 설라나와 그녀의 새로운 잡지를 소개했다.

이와 같은 놀라운 일은 계속 이어졌다.

설라나는 그녀의 성공에 기여한 타이밍의 대부분을 통제할 수 없었다. 하지만 그녀의 아이디어는 이전의 5장에서 봤던 '가치 시험'을 통과했다.

- 고객 니즈에 초점을 맞춘 아이디어
- 개인적 및 전문적 '적합성'이 있는 아이디어
- 데이터 및 시장의 진실과 일관성 있는 아이디어

사실상 그녀는 성공 가도를 달릴 준비가 되어있었다. 대중 매체의 관심은 오직 초판 하나만으로 설라나의 작은 잡지를 대대적인 인기 상품으로 만들어주었다.

설라나 보이드는 3주 만에 블록버스터급 사업을 손에 쥐게 되었다. "쇄도하는 판매 주문으로 내 전화벨 소리는 멈출 줄을 몰랐다. 잡지가 1분에 한 부꼴로 팔렸다."라고 그녀는 회상했다.

첫 몇 주 동안 그녀는 2만 개의 구독 건수를 얻었고 6개월이 채 안 되었을 때 웨잇로즈Waitrose와 WH스미스WHSmith와 같은 판매점에 점포 계약을 맺었다. 추동력은 그녀와 가족들을 재정적 성공의 새로운 단계로 끌어올려 주고 있다.

성공의 복리 도움닫기

성공의 복리의 본래의 개념으로 돌아가 보자.

교육, 부, 자원, 인맥 등 어떠한 지점에서 유리한 출발선에 있는 자들과의 당신의 격차는 당신이 이를 상쇄시키는 과정들에서 도움닫기를 받지 못한다면 계속 벌어지기만 할 것이다.

그와 반대로 셜라나의 잡지 프로젝트에는 명백히 드러나는 성공의 복리가 없었다. 오히려 성공의 가능성을 낮추는 요소들이 더 많아 보였다.

- 종이 잡지들은 죽어가고 있었다.
- 그녀는 마케팅이나 잡지 출판에 직접적인 경험이 거의 없었다.
- 그녀가 아는 전문가들은 이 아이디어에 반대했다.
- 제작의 모든 부분을 아파트에서 스스로 해결해야 했다.
- 경제 상황은 팬데믹으로 인해 전례 없는 급락을 겪고 있었다.

그녀는 도움닫기가 필요했고, 대중 매체의 보도라는 뜻밖의 횡재로 이를 얻어냈다. 셜라나가 계속 잘 해내기만 한다면 지금까지 이뤄낸 성공이 점점 불어나 결국 세계 무대로 진출하지 말라는 법은 없다. 그녀는 성공의 복리의 초기 추동력을 얻었으니 말이다!

나는 사업이나 제품 출시가 성공하기 위해서는 모두가 이런 대중 매체의 대대적 지원이 필요하다는 주장을 하려는 것이 아니다. 또한 그 정도 운을 가지는 사람은 거의 없다!

내가 하고 싶은 말은, 멈추지 않을 추동력을 위해서는 사람들이 당신의 아이디어에 관심을 둘 수 있도록 만들어야 한다.

당신은 구체적으로 음속 폭음이 필요하다.

사업은 번창하고 있다

스티브 레이슨Steve Rayson은 오랫동안 내가 최고로 좋아하는 마케팅 분야의 선구적 이론가 중 한 명이었다. 스티브는 몇 개 기업들을 성공시킨 후 이들을 매각해 부자가 되었고, 정치학 분야에서 학자의 길을 걷기 위해 떠났다. 한때 그가 버즈수모BuzzSumo라는 회사의 장으로 있었을 때, 그는 놀랍고도 유용한 연구들을 진행하기로 유명했다. 버즈수모 기술의 핵심 역량은 매일 인터넷에 게시되는 수많은 콘텐츠들의 패턴을 찾아내는 것이다.

내가 가장 좋아하는 기사 중 하나에서 스티브는 콘텐츠가 '바이럴viral, 바이러스(Virus)의 형용사형으로 상품 또는 서비스에 대한 홍보 내용이 사람에서 사람으로 마치 바이러스처럼 급속하게 확산되도록 하는 마케팅 전략. 특히 SNS를 통해 급속도로 인기몰이를 하는 것을 뜻한다해지는 것은 우리가 생각하는 것과 조금 다르게 전개된다고 설명한다.

당신은 보통 하나의 아이디어가 거미줄 형태의 네트워크를 통해 점점 퍼지게 된다고 상상할 것이다. 한 사람이 이를 공유하고, 다른 친구가 또 이를 공유하고, 그 후 그 새로운 네트워크에서 또 누군가가 이를 공유하는 형태로 이어지는 양상 말이다.

그러나 스티브는 바이럴한 아이디어 확산은 실제 이런 식으로 이루어지지 않는다는 점을 발견했다. 복잡한 통계적 분석을 통해 그는 몇 개의 강력한 소셜 미디어 계정들이 동시에 하나의 아이디어를 게시할 때 그 아이디어가 비로소 입소문을 타게 된다는 것을 보여주었다. 이는 내가 마케팅 워크숍과 강연에서 '음속 폭음'이라고 부르는 현상을 만들어내는데, 아이디어 론칭 시 속도감을 확보하기 위해 사용되는 주된 전략이다.

스티브는 한 명 이상의 영향력 있고 신뢰받는 '인플루언서'가 콘텐츠를 공유하면 결과적으로 소셜 미디어 공유 횟수가 올라간다고 설명한다. 일종의 입증 효과가 발생하는 것이다. 영향력 있는 사람 한 명 혹은 회사 한 군데만 당신의 아이디어를 게재한다면 사람들은 그냥 '그러려니' 한다.

그러나 사람들이 이 아이디어를 주변 모든 곳에서 보게 된다면 이는 분명 중요하다는 인식을 심어주게 된다. 그때 콘텐츠에 대한 신뢰가 확보되고, 아이디어는 공유된다. 더 많은 영향력 있는 사람들이 아이디어를 공유할수록 물웅덩이에 퍼지는 한 방울의 기름처럼 공유 횟수와 재공유 횟수가 기하급수적으로 늘어나게 된다. 두 명의 인플루언서가 공유한 게시물이 한 명의 인플루언서가 공유한 게시물보다 공유 횟수가 30% 더 많았다. 세 명의 인플루언서가 공유한 게시물이 한 사람의 것보다 공유 횟수가 100% 더 많았다. 다섯 명의 사람들이 공유한 게시물의 공유 횟수는 한 사람의 것보다 거의 300% 더 많았다.

다섯 명이 임계질량에 도달하기 위한 마법의 숫자인 듯했다. 최소한 다섯 개의 적합하고 영향력 있는 계정들이 하나의 아이디어를 공유하게 할 수 있다면, 당신은 음속 폭음을 유발하는 방향으로 잘 가고 있음을 의미한다.

버즈수모 연구로부터 아래와 같은 그래프를 가져왔다.

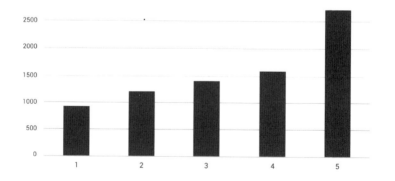

평균적으로 두 번 이상의 리트윗을 하는 사람들의 게시물 당 평균 공유 횟수

스티브는 이 연구가 그의 회사 콘텐츠 마케팅 전략의 기반이 되었다고 내게 알려주었다. 최소한 다섯 명의 적합한 인플루언서들이 회사가 출판하는 모든 연구 보고서들을 공유하게 할 방법을 찾는 것.

물론 이를 위해서는 저명하고 적절한, 가장 적합한 인플루언서 선정에 많은 노력이 요구되지만, 이는 분명 강력하고 효과적인 전략이다. 나와 내게 수년간 카운슬링을 받아온 수많은 이들도 이 전략을 유용하게 사용해왔다. 참고로 이 전략은 내가 가장 좋아하는 자전거 헬멧 출시에도 도움을 주었다.

투르 드 '힘' Tour de Force

나는 수년간 열렬히 산악자전거를 타왔다. 내 '중력의 중심center of gravity'이 바뀌기 전까진 말이다! 물론 나는 아직도 자전거 타는 것을 즐기고 오랫동안 지로Giro 헬멧을 애용해왔다.

지로를 발견하기 전에 착용했던 헬멧들은 상자형이었고 불편했다. 그러나 지로 설립자 짐 겐츠Jim Gentes는 더 가볍고 스타일리시하며 기체역학적인 디자인을 고안해냈다. 내가 소유했던 헬멧이 '폼 나는 것'과 가장 근접했던 것은 지로가 처음이었다.

사업 초창기에 짐은 이 선구적인 헬멧을 자신의 차고에서 손수 제작했다. 그는 자전거 행사에 참여해 자신이 만든 헬멧을 선보이면서, 개발을 유지하는 데 필요한 일정 수준의 주문을 충족시켜줄 초창기 팬층 확보에 성공했다. 지로의 사례는 《좋은 기업을 넘어 위대한 기업으로(Good to Great : Why Some Companies Make the Leap...and Others Don't) / 김영사, 2021》의 저자 짐 콜린스(Jim Collins)의 논문 "Turning the Flywheel(직역 : 플라이휠 돌리기)"의 한 이야기에서 영감을 받았다.

짐은 아마 그의 '부티크boutique, 멋있고 개성적인 의류나 액세서리 따위를 취급하는 비교적 규모가 작은 가게식' 비즈니스 모델을 계속 고수할 수도 있었겠지만, 낮에 하는 일을 관두고 헬멧 사업에만 오로지 몰두하려면 음속 폭음이 필요했다.

그는 나이키가 어떻게 영향력 있는 운동선수들을 활용해 신제품 아이디어에 대한 바이럴 콘텐츠를 만들어내는지 공부했다. 그는 투르 드 프랑스Tour de France, 프랑스에서 개최되는 세계 최고 권위의 사이클 대회 참가자들이 그의 눈물 모양 에어로헤드Aerohead 헬멧을 착용하기만 한다면, 영향력이 폭포처럼 흘러내려 전문 선수들은 물론 아마추어 자전거 애용가들까지도 그의 헬멧을 착용하고 싶어 하게 되리라 믿었다.

짐은 회사의 부족한 자원을 끌어모아 이 하나의 아이디어에 모든 것을 걸고, 미국인 그렉 르몽드Greg LeMond를 포함한 몇몇 전문 사이클리스트들의 스폰서가 되었다. 1989년 투르 드 프랑스의 극적인 피날레에서 르몽드는 초반의 50초가량의 불이익을 극복하고 23일에 걸친 약

3,200킬로미터의 경기를 단 8초 차이로 승리했다. 바로 시로를 착용한 채 말이다.

어느새 사이클리스트들 사이에서 기체 역학적인 지로 헬멧을 사용하는 것은 아주 폼 나는 것이 되었다!

오늘날 지로는 수백만 달러 규모의 회사로서, 모든 종류의 사이클링 장비는 물론 고성능 스키용품까지 제품이 다각화되었으며, 이것들은 각 분야의 운동선수를 활용한 음속 폭음 속에서 론칭되었다.

안녕하세요, 킹 여사!

다시 팀 페리스와 나의 비교 사례로 돌아가 음속 폭음이 어떻게 우리의 상대적 추동력에 영향을 미쳤는지 살펴보자.

오프라의 영향권을 향한 경주의 마지막 장면을 떠올려보자면, 두 참가자 모두에게 평탄한 전망 및 초기 우위를 대표하는 좋은 아이디어 그리고 책 출판의 기회가 있었다.

팀 페리스는 타이밍에 있어서 나보다 유리한 입지에 있었다. 5장에서 설명했듯 인플루언서 마케팅에 대한 내 아이디어는 시대를 너무 앞서갔던 관계로, 팀 페리스는 나보다 아이디어를 수용할 준비가 된 보다 넓은 독자층을 확보할 수 있었다.

우리 둘 다 출판 계약을 맺었지만, 여기서 내가 다시 그보다 유리한 입지를 점하게 된다. 팀 페리스가 스물세 번 거절당한 것을 기억해보라. 그는 마침내 육체적 및 정신적 건강 관련 분야에 집중하는 하모니 출판Harmony Publishing이라는 크라운/펭귄 출판Crown/Penguin Publishing 의 작은 자회사에 의해 선택받았다.

반면, 나의 경우 여러 출판사가 내 책을 출판하기 위해 입찰 전쟁에 참여하며 내게 오퍼를 주었다. 나는 그중 록펠러 센터Rockefeller Center 근처에 빛나는 뉴욕 사무실 타워를 소유한 세계에서 가장 인정받는 출판사 중 하나인 맥그로힐을 선택했다. 맥그로힐은 책 출판을 1888년부터 해온 곳이었다. 그들은 자신들이 해야 하는 일을 정확히 알고 있었다.

당시 나와 팀 페리스 모두 비교적 알려지지 않은 상태였다. 우리는 음속 폭음이 정말 절실했다.

나의 파트너 출판사 맥그로힐은 즉시 업무에 착수했고 곧 맨해튼 Manhattan 방방곡곡 나를 위한 인터뷰들을 잡아주었다. 블룸버그 뉴스, 월스트리트저널, 뉴욕타임스 등등 그리고 그 무시무시한 전화를 받았다.

뉴욕의 어느 눈부시게 아름다운 봄날이었다. 나는 홍보를 위한 인터뷰로 가득했던 피곤한 일과를 마치고 호텔까지 걸어가고 있었다. 첼시 Chelsea의 한 그늘진 가로수길을 거닐고 있을 때 편집장의 전화를 받았다. 그는 내가 약 400만 명의 시청자가 지켜볼 것으로 예상되는 CBS 오전 뉴스 생방송에 출연할 것이며, 이를 위해 다음 날 오전 6시에 나를 태우러 리무진이 올 것이라고 전했다. 나는 겁에 질렸다. 말 그대로, 완전 겁에 질렸다!

잠 못 드는 불안한 밤을 보낸 후, 나는 오직 하나의 임무만을 안고 스튜디오에 도착했다. 모든 친구들에게 내가 전국적인 오전 뉴스에 나올 것이라고 알린 내 아내를 부끄럽게 할 순 없었다. 약간의 화장을 받은 후 나는 배우 휴게실로 안내받았고, 〈윌 앤 그레이스Will and Grace, 미국 드라마〉에 출연하는 훌륭한 배우 에릭 맥코맥Eric McCormack 옆에 앉게 되었다. 우리는 당연히 절친이 되었다. 그 후 오전 뉴스 호스트 중 한 명인 게일 킹Gayle King이 나를 반기고 긴장을 풀어주기 위해 방으로 들어왔다. "셰퍼 선생!" 그녀는 해맑게 외쳤다.

"당신의 책을 정말 재미있게 읽었어요! 쇼를 위해 읽어야 하는 경영 서적들을 매주 받아왔는데 나에겐 늘 지루하기만 했죠. 하지만 당신의 책은 내려놓을 수가 없더군요."

그 증거로 그녀는 포스트잇과 노란 형광펜으로 가득한 자신의 《영향력 수익률》 책을 보여주었다. 책 한 권을 진짜로 다 읽은 것이었다.

당신에게 알려주는 것을 깜빡해서 잠시 이야기를 멈추자면, 게일 킹은 오프라의 친한 친구다! 그렇다. 그만큼 나는 오프라 영향권의 아주 근처까지 갔었다.

인터뷰는 성공적이었으며 내 아내를 부끄럽게 하지도 않았고, 게일 킹과 더불어 그 주에 나에게 집중되었던 언론 보도의 쓰나미는 확실한 음속 폭음을 만들어내어 내 책을 아마존 경영 서적 리스트에 6주간 올라가게 해주었다.

그 당시 나는 유명하지 않은 사람이었다. 그리고 그 책이 처음이었다. 나의 추동력은 음속 폭음으로부터 유발되었고 음속 폭음만이 유일했다.

그렇다면 팀은 어땠을까?

팀 페리스에게는 맥그로힐의 지원이 없었다. 그저 출판 계약 자체를 맺을 수 있게 되어 기쁠 뿐이었다. 그러니 그는 스스로 음속 폭음을 만들어내야 했다.

뉴욕에서 홍보 일을 하는 M.J. 킴 M. J. Kim 은 〈뉴요커〉 프로파일에서 팀 페리스를 "내가 아는 사람 중 가장 자기 홍보에 능한 사람"이라고 흐뭇하게 그를 묘사했다.

M.J.는 팀 페리스가 자신을 알게 된 지 얼마 되지 않았을 때, 그녀의 생일파티에 《나는 4시간만 일한다》의 출간의 홍보를 해줄 수 있는지 물어보았다고 한다. 그녀는 당시를 회상하며 말했다.

"아주 터무니 없었다. 모두가 칵테일을 마시며, 생일 축하 노래를 부르고 있을 때, 그는 사람들에게 자신의 책을 나눠주었다. '저 사람은 대체 누구야?'라는 말이 나오는 상황이었다."

전문가들은 팀 페리스를 P. T. 바넘Barnum과도 비교한 바 있는데, 그는 자기 판매 기술에 틀림없이 소질 있다.

그는 부상하는 파워블로거 네트워크도 활용했다. 책이 출간될 당시 시간적 배경을 기억해 보라. 팀의 첫 작품은 2009년에 나왔다. 블로그가 이제 막 떠오르고 있을 때였다. 소셜 미디어 '인플루언서'라는 것은 그 당시에 존재하지 않았다. 블로거들은 가장 초창기의 인터넷 콘텐츠 크리에이터들이었고, 진짜 작가로부터 책을 받거나 전화를 받는 일은 그들에게 엄청난 사건이었다. 성장하고자 하는 블로거들은 그 작가를 돕기 위해 가능한 모든 것을 해줄 의향이 있었고, 실제로도 그렇게 해주었다.

"그 당시 대부분의 출판사들은 텔레비전 인터뷰에만 집중했습니다. 그러나 그런 콘텐츠는 생산되는 순간 만료됩니다. 고작 하루 정도……. 그 후 사라집니다. 이런 식의 미디어 노출에는 영속되는 이익이 없습니다. 그와 반대로 온라인 콘텐츠는 시간이 지날수록 그 가치가 커질 수 있죠.

저는 초반에 2만 명의 '초기 전도자early-vangelists, 제품이 정식으로 출시되기 전에 회사의 제품을 구매하고 주변에 알리는 사람. 에릭 리스가 고안한 개념' 확보를 목표 삼았습니다. 이는 아주 크고 구체적인 숫자죠. 만약 책이 일주일에

1만 부가 판매된다면 〈월스트리트저널〉이나 〈뉴욕타임스〉의 전국 베스트셀러 리스트에 오를 수 있는 확률이 높아질 것으로 생각했습니다.

전 세계와 동시에 접촉할 순 없습니다. 너무 돈이 많이 드니까요. 그래서 나의 타깃 독자층을 20세에서 35세 사이의 기계에 능숙한 남성 블로거들로 삼았고, 이 중 5명에서 10명을 집중 타깃팅 했습니다."

자신의 계획을 실천하기 위해 팀 페리스는 2009년 라스베이거스 국제 전자제품 박람회Consumer Electronics Show의 최초 블로거들의 '트윗업Tweet Up' 행사에 참석해 명함을 돌리기 시작했다.

"그는 숙제를 많이 해왔었다."라며 한 블로거가 당시를 회상했다.

"우리를 연구해왔다는 점이 확실히 보였다. 우리들의 블로그와 트위터를 읽어왔기 때문에 그는 곧바로 우리와 대화를 시작할 수 있었다. 그가 거기서 무엇을 하고 있었는지 우리는 알 수 없었지만, 그는 멋지고 똑똑했고 우리의 환심을 샀다. 한 달 뒤 그는 우리 모두에게 책을 보내 도움을 청했고 우리는 당연히 홍보에 도움이 되고 싶었다. 그는 오늘날의 대중 매체를 잘 이해하고 있었다."

팀은 이렇게 말했다. "저는 서라운드 사운드surround sound, 모든 방향으로부터 음향을 들을 수 있도록 입체적으로 설계한 것 효과를 내고 싶었습니다. 출판사가 진행하는 보통의 책 출간은 홍보 기간을 4주에서 8주 정도 잡는데, 저는 모든 홍보가 일주일 안에 이뤄지길 바랐습니다. 이 블로거들을 통해 내 책을 좋아할 만한 약 2만 명의 얼리어답터들에 '구매하지 않고는 못 배길' 상품이 되고 싶었던 것이죠."

어떤가. 음속 폭음과 아주 유사하지 않은가?

팀은 판매 부수 1만 권의 목표를 달성할 정도로 충분한 추동력을 만들어냈다. 이는 출판사가 그 책에 투자하게 만들었고 뉴욕타임스 베스트셀러 리스트에 4년간 오르게 되었다.

내 책도 히트였지만 팀과 비교하면 아무것도 아니었다(우린 5장에서 타이밍의 효과를 살펴본 바 있다). 다만 확실한 건, 음속 폭음이 없었더라면 우리 둘 다 첫 작품의 불리한 상황을 극복해내지 못했을 것이다.

사회적 증거, 음속 폭음

음속 폭음을 뒷받침하는 심리는 '사회적 증거social proof'라는 아주 중요한 마케팅 개념에 기반을 두고 있다. 이는 아마 누구나 매일 사용하는 유용한 심리적 절차일 것이다.

정보가 부족할 때 사람들은 최고의 선택에 도움을 줄 수 있는 단서들을 환경에서 찾으려 한다. 당신과 친구가 저녁 식사를 하기 위해 새로운 식당을 찾고 있다고 가정해보자. 식당에 들어갔는데 저녁 7시임에도 불구하고 사람이 없다. 좋은 선택이 아니라는 불편한 느낌이 든다. 그래서 길을 건너 두 번째 선택지로 향하게 된다. 그곳은 만석이고 사람들이 웃고 떠들고 있다. 당신은 기쁘게 대기자 명단에 이름을 쓰고 자리가 생길 동안 15분을 기다린다. 이 시나리오에서 음식이나 서비스의 질에 대한 정보는 전혀 없다. 당신은 전적으로 환경적 단서에 기반을 둔 선택을 하고 있다. 꽉 찬 자리. 이게 바로 사회적 증거다. 이런 보이지 않는 영향력은 늘 은밀하게 작용하며 추동력을 강력한 방향으로 조용히 밀고 당긴다.

예를 들어 엔터테인먼트 업계에서 풀리지 않는 미스터리 중 하나는 '경험이 풍부한 업계 임원들이 히트 작품 선정에 왜 실패하는가'이다. 그들로부터 거절당하고 심지어 폄하된 작품들 중에는 대성공을 거둔 〈스타워즈Star Wars〉, 〈해리포터Harry Potter〉, 그룹 비틀스The Beatles가 포함되어있다. 반대로 그들이 확신했던 작품들 중에는 형편없는 성과를 거둔 것들도 많다.

어떻게 할리우드에서 가장 똑똑하고 경험 많은 자들의 예측이 완전히 어긋날 수 있을까? 엔터테인먼트 회사들은 시장 조사와 창의적 발전에 워낙 돈을 많이 투자하니, 가수 테일러 스위프트Taylor Swift의 대중적 인기 요소를 분석한 후 똑같이 복제해낼 수 있을 것만 같다. 그리고 그들은 실제로 이를 시도한다. 하지만 대부분의 시장 조사에 하나의 거대한 대전제가 있다는 것이 문제다.

'사람들이 자신이 무엇을 좋아할지 선택할 때 서로로부터 독립적이라는 것'.

그러나 사람들은 대부분 독립적으로 결정을 내리지 않는다. 세상엔 너무 많은 선택지가 존재하기 때문에, 우린 스스로의 힘으로 원하는 것을 찾게 될 확률이 무척 낮다. 그래서 우리는 '사회적 증거'에 의존하게 된다.

사회적 증거는 매번 품질을 이긴다

컬럼비아대학의 연구원들은 인기의 차이가 마태 효과에 놀라울 정도로 민감하게 반응한다는 것을 보여주었다. 부자들이 더 부유해지는 것처럼, 인기 있는 것들이 더 많은 인기를 얻게 된다는 것이다.

어떤 노래, 책, 영화가 다른 것보다 아주 조금이라도 더 유명하다고 인지될 때 추동력이 구축되며, 경쟁에서 승리하게 만든다. 다시 한번, 우위는 다른 우위로 이어진다.

인기에 있어서, 초반의 미세한 무작위적 파동은 어느 순간 폭발해 널리 전파되고, 이는 잠재적으로 엄청난 장기적 차이를 불러온다. 당신보다 경쟁자들이 더 많은 이점을 가지고 있을 때조차 말이다!

이를 증명하기 위해 연구원들은 웹에 뮤직 랩Music Lab이라는 인공음악 시장을 만들었다. 이 사이트는 사람들에게 48개의 알려지지 않은 무명 밴드의 곡들을 들을 기회를 주었다.

총 1만 4,000명의 방문객 중 절반인 7,000명에게 그들이 가장 좋아하는 노래를 다운로드할 수 있게 해주었다. 이내 48개의 노래 중 '최고'는 쉽게 드러났다.

나머지 절반의 방문객은 이른바 '사회적 영향력'을 받는 그룹으로 분류되어, 곡 다운로드 횟수를 관찰한 후에 음악 평점을 매기도록 했다. 그들이 가장 좋다고 생각되는 음악 선택에 '사회적 증거'가 고려 요소 중 하나가 된 것이다.

이렇게만 보면 결국 품질이 승리했을 것이라고 생각할 수 있다. 최고 품질의 노래들이 항상 상위 랭킹을 차지하는 형태로 말이다. 그러나 실제로 다른 결과가 나타났다. 핵심만 말하자면, 모든 것이 초반의 인기에 달려있었다. 품질을 떠나 어떤 노래든 다른 이들로부터 제공되는 사회적 증거에 따라 성공하거나 실패했다.

성공의 복리 이론의 예상처럼, 사람들에게 각기 다른 피드백 조합을 보여주며 연구원들은 품질에 상관없이 곡의 인기를 조작할 수 있었다.

품질을 기준으로 비교 집단에 의해 선택된 상위 5위 안에 들었던 곡은 사회적 증거가 가미되자 5위 안에 들 확률이 50%로 떨어졌다. 성공적인 노래의 시장 점유율에 품질보다 사회적 증거가 더 큰 역할을 담당한 것이다. 곡의 장기적인 성공은 몇 명의 무작위적인 초기 투표자들의 선택에 크게 의존하고 있었다.

그런데 그들이 무작위적이지 않다면 어떨까?

이것이 당신의 아이디어에 가지는 함의가 무엇인지 잘 생각해보라. 당신이 초기 평가자들을 직접 선정하고 그들이 당신과 당신의 작품을 아끼는 사람들이라면 어떨까? 여기서 음속 폭음의 심리적 토대가 보이기 시작한다.

당신의 아이디어에 대한 초기 피드백이 긍정적이고 이것이 널리 공유된다면, 당신을 상위 랭킹으로 끌어올려 주고 유지해줄 추동력을 만들어낼 확률이 훨씬 높아지는 것이다!

이 교훈은 노래나 영화 같은 문화적 상품에만 국한되지 않는다. 시스템 운영이나 소셜 미디어 사이트의 경우처럼 '네트워크 효과'가 나타나는 기술 간 경쟁에도 영향을 미친다고 경제학자들은 밝힌 바 있다. 상품이나 아이디어의 인기는 그것을 이용하는 사람들이 많을수록 커지게 된다. 나는 이 현상을 《인간적인 브랜드가 살아남는다》에서 깊게 탐구한다.

오늘날엔 고객들이 바로 마케터들이다. 사람들은 이제 회사가 하는 홍보나 광고를 꺼리고 신뢰하지 않기 때문에 이 경로는 상대적으로 적합성이 떨어지고 있다.

사람들은 서로를 더 믿는다. 그들의 친구들. 이웃들. 전문기술자들. 비즈니스 리더들. 인플루언서들, 상품평, 증언, 소셜 미디어 게시물 등등 이른바 입소문을 통한 이들의 '초반 투표'는 성공의 복리로 이어지는 추동력에 파격적인 영향을 미친다.

그래도 분명히 말해두자면 나는 품질이 중요하다고 믿는다. 모차르트Mozart, 모네Monet, 마야 안젤루Maya Angelou 그리고 내가 아끼는 브루스 스프링스틴Bruce Springsteen은 모두 성공할 수밖에 없는 운명이었다. 그리고 콘텐츠가 너무나 볼품없다면 당연히 실패할 수밖에 없다.

그러나 품질의 넓은 범위 안에서 제품이나 아이디어는 이를 둘러싼 사회적 증거에 따라 아주 좋은 성과를 내거나 그렇지 못할 수 있다.

당신의 아이디어에 대한 인지도를 높이는 것은 중요하지만, 우리가 여기서 다룬 내용은 빙산의 일각에 불과하다. 음속 폭음을 얻기 위해서 당신은 아마 먼저 해야 할 일이 있다. 그 이유를 이제 알려주겠다.

PART 07

개인의
속도

Personal Velocity

🌱 이 책은 당신이 어떤 사람인지, 또 어떤 배경을 가졌는지 막론하고, 설사 세상이 당신을 등지고 있다 하더라도 당신이 그것을 극복하고 열정을 느끼는 일에 추동력을 창출할 수 있도록 도움을 줄 것이다.

6장에서 '음속 폭음'이라는 검증된 기술을 언급한 바 있다. 이는 불리한 입지를 극복하고 가치 있는 아이디어나 제품의 인지도를 확산시켜준다. 그러나 나는 이 개념조차 어떠한 기존의 지위를 전제하고 있다는 생각이 들었다.

팀 페리스는 파워 블로거들과 관계를 쌓았고 그들의 도움으로 그의 책은 유명세를 얻었다. 내 책 또한 출판사 맥그로힐의 숙련된 홍보팀 덕분에 인기를 얻을 수 있었다. 그러나 이런 혜택의 기회를 가질 수 있는 사람은 아마 극소수뿐일 것이다. 즉, 우리 둘 다 '고유의 우위'를 가지고 있었다.

그러나 우리는 평범한 사람들을 위해 이 자리에 섰다. 어떻게 고유의 이점 없이 성공의 복리를 구축하고, 그 자리에서 음속 폭음을 일으킬 수 있을까? 이에 대해 지침을 제공하기 위해 마법처럼 하나의 교훈으로 수렴될 두 개의 짤막한 이야기를 소개하고자 한다.

이야기 #1 : 인터넷에서의 마태 효과

2014년, 나는 블로그에 인생 통틀어 가장 파급효과가 컸던 글을 썼다. 제목은 〈콘텐츠 쇼크Content Shock : 콘텐츠 마케팅은 왜 지속 가능한 전략이 아닌가〉였고, 그 글은 대박을 쳤다. 내 글은 수천 회 공유가되었고 수천 개의 논평이 달렸다. 말 그대로 '바이럴Viral'의 정의와 맞아떨어지는 사건이었다! '콘텐츠 쇼크'라는 용어는 이내 기사, 콘퍼런스, 서적에서 널리 사용하는 산업 표준용어가 되었다.

글에서 나는 '특정 산업에서 경쟁이 지나치게 과열되는 지점에 도달하면 두각을 나타내기가 더 어려워진다'라는 사실을 합리적으로 지적했다. '지나친 과열 경쟁은 콘텐츠 마케팅에 점점 더 큰 비용이 들게 하고, 홍보 효과는 떨어지게 된다.' 나에게는 너무 상식적이었던 이 주장을 어떤 사람들은 매우 과장되었다고 평가했다. 특히 콘텐츠 마케팅을 직업으로 삼고 있는 사람들에게 이는 이단과 다를 바 없는 주장으로 여겨졌다. 그럼에도 불구하고 내 글을 모든 기업이 꿈꾸는 바이럴한 노출을 보여주었다.

내가 블로그 글을 쓴 지 약 3주 정도 지났을 무렵 나는 이에 대한 논평을 검색하기 위해 구글에 '콘텐츠 쇼크'를 검색했다. 그런데 놀랍게도 내 블로그가 고작 검색 순위 3위에 있는 게 아닌가?

'콘텐츠 쇼크'에는 기존의 SEO가 없었다. 이는 내가 얼마 전 창안한 단어였기 때문이다. 그런데 어떻게 다른 글들이 벌써 나를 검색 순위에서 밀어낼 수 있단 말인가?

알고 보니 '마태 효과'가 인터넷망에서 살아 숨 쉬고 있었다. 인터넷은 가장 강력한 콘텐츠가 아니라 가장 강력한 웹사이트가 지배한다. 일은 내가 다 했음에도 불구하고, 나보다 더 오랜 기간 활동하며 구글의 눈에 더 명망 있어 보였던 웹사이트들이 나를 제친 것이다! 특히, 당신이 어리고 신출내기이며 경험이 부족하다면 검색 순위 상위권을 차지하는 것은 구조적으로 거의 불가능에 가깝다. 대부분 분야에서 SEO는 산업의 가장 크고 사나운 두 마리 개가 한쪽이 이길 때까지 서로 물고 뜯는 싸움이라고 할 수 있다. 당신이 그 개 중 한 마리가 아닌 이상 검색 순위의 장래는 그다지 밝지 않다고 볼 수 있다.

SEO 쪽 사람들은 당신이 SEO 서비스를 구매해야 하므로 이 이야기를 모르길 바랄 것이다. 그러나 당신이 아무리 노력해도 콘텐츠로 이미 틈새시장을 장악한 자들을 끌어내리는 일은 아주 오래 걸릴 것이다. 무방비 상태의 기회는 거의 없다.

부자는 더 부유해진다. 그리고 이는 심해지기만 한다.

오늘날 인터넷 검색의 50% 이상을 구글이 차지한다. 당신이나 당신의 회사는 이를 활용할 수가 없다. 구글은 검색 트래픽특정 전송로 상에서 일정 시간 내에 흐르는 데이터의 양 즉, 전송량. / 홈페이지를 인터넷 브라우저에 띄우기 위해서는 서버에 파일을 올려놓고 사용자가 웹페이지에 접속을 할 때마다 필요한 정보를 다운로드해야 한다. 이때 다운로드되는 정보의 양을 트래픽이라고 한다을 자신의 자회사나 유료 회원에게 내보낼 것이다.

따라서 당신이 설사 SEO에서 승리할 기회가 있다 하더라도, 어떤 주제에 대해 활용 가능한 질문들은 불과 몇 년 전과 대비해서도 줄어들고 있다. 물론 그마저도 그 사나운 개들에 의해 지배될 테지만 말이다.

SEO는 이 책의 범위를 능가하는 매우 중요하면서도 진화 중인 개념이다. 그러나 나는 대부분 상황에서 인터넷마저도 우리에게 불리하다는 점을 명확히 하고 싶다. 더 확실히 해두자면, 세상에 SEO를 위한 여지는 분명 존재하며 어떤 사업들엔 이것이 핵심적이다. 그러나 우리 대부분은 인터넷 고유의 불공평성을 극복하기 위해 다른 해결책이 필요하다.

이야기 #2 : 노인과 블로그

10년이 넘는 기간 동안 나는 나만의 브랜드를 성공적으로 구축해냈다. 처음에는 내 블로그를 통해서, 그다음은 내 팟캐스트 채널과 서적들, 그리고 세계를 누비며 해온 강연 등을 통해서였다.

내 콘텐츠의 인기 형성 과정에서, 나는 고객 유치와 새로운 사업의 기회를 위해 검색 엔진이란 도구에 의지하지 않았다. 내 사업을 홍보하기 위한 광고조차 하지 않았다. 나는 밑바닥에서부터 이 여정을 시작했다. 어쩌면 밑바닥보다 더 낮은 곳이었을지도 모른다. 몬트리올에서 사업을 하는 내 친구 미치 조엘Mitch Joel은 내게 이렇게 말했다.

"자네가 처음 시작했을 때 나는 자네가 성공할 줄 몰랐다네. 그러기엔 너무 늦었고 시기도 늦었다고 생각했어. 마케팅 분야 블로거들은 이미 너무 많았거든."

그러나 내가 늦었거나 늦었다는 사실은 중요하지 않았기 때문에 나는 해낼 수 있었다. 그저 더 블랙 키스The Black Keys처럼 일관성 있게만 나아가면 되었다. 더 블랙 키스는 에너지가 충만하고 블루스가 가미된 저음질lo-fi 스타일의 음악을 추구하는 밴드다.

내가 창립 멤버인 패트릭 카니Patrick Carney와 단 아우어바흐Dan Auerbach를 처음 만났을 때, 그들은 지금처럼 대형 경기장이나 무대에서 공연하지 않을 때였다. 그들은 천 명도 채 들어가지 않는 작은 클럽에서 공연했다. 하지만 그들에겐 분명히 추동력이 있었다. 나는 드럼 연주자였던 패트릭에게 무엇이 그들의 발화점이 되었는지 물어보았다. '그들을 성공 가도로 끌어올려 준 사건 혹은 순간은 무엇이었는가?' 그것은 당시 디지털 마케팅 사업 구축 과정에 있던 내게 매우 중요한 질문이었다. 나는 이어지는 그의 대답에 놀랐다.

"그런 특정한 순간은 없었어요. 우리는 꾸준히 성과를 낼 뿐이에요. 신규 앨범이 마지막 앨범보다 조금 더 잘 되고요. 공연 하나하나로 관객들을 조금씩 늘리고, 이를 매주, 매달 해나가며 전진할 뿐입니다."

그의 이러한 가치관은 이 밴드가 지금까지 걸어온 길을 살펴봤을 때, 잘 드러나는 부분이다. 그들이 지하 녹음실 프로젝트에서 대형 경기장의 스타가 되기까지의 믿기 힘든 여정에는 7장의 앨범 발매와 10년이라는 시간이 소요됐다. 내가 좌석조차 없던 노스캐롤라이나 애시빌 뒷골목의 한 클럽에서 그들을 만나고 3년 후, 뉴욕시 매디슨스퀘어가든에서 더 블랙 키스 공연 표는 채 15분도 되기 전에 완판되는 성공을 거두었다.

슈가랜드의 창립 멤버이자 멀티플래티넘 아티스트인 크리스티안 부시도 내게 이와 비슷한 이야기를 했다.

"사람들은 우리의 추동력이 하나의 큰 히트로 시작되었다고 생각하는데, 사실은 전혀 그렇지 않습니다. 음악적 성공은 누적된 성과들이 모여 가능해지는 것입니다. 밴드는 크게 두 종류로 나눕니다. 하나는 크게 한번 히트 친 경우죠. 그러나 이는 바람직하지 않아요. 이런 경우는 차라리 회계사가 되는 편이 훨씬 이득이었을 뻔했다는 생각이 들게 하죠. 나는 특히 컨트리 음악_{미국 남부 및 서부 지역 전통 음악 스타일의 대중음악} 산업에서는 추동력 구축이 점진적임을 느낍니다.

추동력은 사실 라디오에서 흘러나오는 첫 번째 곡에서부터 시작됩니다. 거기까지 도달하는 데에는 많은 노력이 요구되지만, 그때부터 모든 기회의 문들이 열리게 됩니다. 두 번째 곡은 첫 번째 곡의 성공이 단순한 요행이 아니었다는 것을 증명하게 되죠. 하지만 그때도 대중은 당신보다는 당신의 곡을 좋아합니다. 그들은 아직 당신을 모르기 때문에 당신에게 큰 애착이 없죠.

추동력이 구축될수록 당신은 어떤 곡, 소리, 그리고 이야기에 연관 지어집니다. 슈가랜드 곡들에는 어떤 특정한 감성적인 온도와 도덕적 구심점, 나침반이 있고, 제니퍼 네틀스Jennifer Nettles의 보컬을 듣는 즐거움도 물론 빼놓을 수 없죠. 추동력은 일관성을 유지하는 것과 하나에 집중하는 것으로도 쌓입니다. 친숙함이 친숙함을 낳는 것이죠."

위의 두 사례들이 나와 당신에게 무엇을 의미하는가?

오늘날 세계에 이름을 떨치는 사람들을 생각해보면 결코 '하루아침에' 성공을 이룬 사람은 없다. 소셜 미디어의 선구자 크리스 브로건Chris Brogan이 블로그 구독자 100명을 얻기까지 무려 3년이 걸렸다고 밝힌 일화는 유명하다. 그로부터 몇 년 후 그는 그 분야를 대표하는 연설가가 되었다.

아래는 2013년 이후 내 블로그의 구독자 수를 보여주는 그래프다.

사실 2009년에 블로그를 시작했지만 그 당시의 자료는 이제 없다.

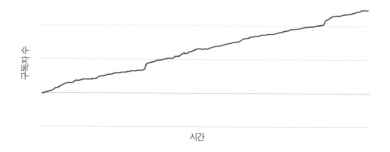

블로그 구독자 수

구독자 수

시간

느리지만 꾸준하게. 전년보다 매년 조금씩 발전했다. 더 블랙 키스와 슈가랜드, 크리스 브로건이 그랬던 것처럼 말이다. 내 팟캐스트 다운로드 수와 책 판매고도 동일한 추세선을 보인다.

당신이 밴드이든 블로그 운영자이든, 당신에게 한 방에 유명세와 부를 안겨줄 '바이럴한 사건'은 아마도 일어나지 않을 것이다. 당신의 목소리를 자리 잡게 하고 콘텐츠를 생성하며 당신이 하나의 '곡과 소리, 그리고 이야기'가 될 때까지 꾸준히 노력해야 한다.

마케팅 디렉터이자 콘텐츠 마케팅 전략가인 마리아 로드리게즈Maria A. Rodriguez는 "꾸준한 노력이 답이다."라고 말했다.

"저는 모든 사람에게 기회를 주는 소셜 미디어와 인플루언서 마케팅에 푹 빠져들었습니다. 제가 자란 콜롬비아는 취업의 기회가 드문 곳이에요. 부모님은 특정 산업군에 진출하는 데 필요한 인맥이 없었고, 저 또한 어린 나이에 경험도 전혀 없었어요. 한마디로 가진 것이 없다시피

했죠. 하지만 콘텐츠 크리에이션Content Creation 분야에서 가능성을 발견했어요.

저는 저널리즘 학위를 통해 디지털 기술을 활용한 나만의 이야기를 풀어내는 법을 배웠어요. 사람들을 인터뷰하고 그 콘텐츠를 온라인으로 공유하기 시작했죠. 나는 이것이 사람들에게 내가 할 수 있는 일을 보여주는 한 방법이라고 생각했어요.

마침내 한 프로듀서가 내 콘텐츠를 발견했어요. 그는 제가 하는 작업을 마음에 들어 했고, 텔레비전 방송국에 취업 시켜 주었어요. 그로 인해 내 콘텐츠는 더 많이 노출되었고, 미국 대학에서 장학금도 받았으며, 새로운 취업 기회들을 얻었죠. 지금 하는 일도 그 덕분에 하게 되었습니다.

제 커리어의 추동력은 무료로 이용 가능한 인터넷 도구들을 적극적으로 활용하면서 절대 포기하지 않는 것에서 시작되었습니다. 가만히 앉아 무언가 나를 찾아오기만을 바랄 수는 없어요. 당신이 하루아침에 화젯거리가 되는 일은 아마 없을 겁니다. 계속 노력하다 보면 기회의 문들은 반드시 열리기 마련입니다."

하루아침에 화젯거리가 되는 경험은 이미 언급한 바 있는 콘텐츠 쇼크 관련 글로 인해 겪은 바 있다. 글은 2014년 초에 출판되었는데, 그래프 앞부분을 보면 그 글이 당시 내 블로그 구독자들에 미친 영향을 볼 수 있다(즉, 전혀 없었다!). 그 무엇도 일관되고 꾸준한 성과를 대체할 수

167

는 없다.

팟캐스트 채널 마케팅 컴패니언 개설 후 첫 3년간은 돈을 내는 후원자가 없었다. 내가 '제2의 커리어'를 시작한 지 6년째 되던 해에 다섯 번째 서적 《콘텐츠 코드The Content Code / 국내 미출간》가 나오며 그제야 책으로 돈을 벌기 시작했다. 그리고 3~4년을 고군분투하고 나서야 돈벌이가 되는 특별한 연설들을 맡게 되었다.

기억해라. 꾸준함은 재능을 능가한다.

두 이야기 연결하기

첫 번째 이야기의 핵심은 구글, 페이스북 등의 기술회사에 의지해 나아가고자 한다면, 인터넷에서 시선을 사로잡고 추동력을 구축하는 것이 어려울 수 있다는 것이다.

두 번째 이야기의 함의는 어차피 당신에게는 구글이 꼭 필요하지 않다는 것이다. 창의력과 회복 탄력성resilience을 통해 스스로 초기 우위를 창출해 문제를 해결해 나갈 수 있으며, 그 예시로 굳게 마음먹고 끝까지 포기하지 않은 결과 스스로 추동력을 생성할 수 있었던 나의 경험을 말했다.

이제 이 두 이야기의 의미를 6장의 음속 폭음과 연결해보려 한다.

초창기에 나는 관객이 적었고 영향력이 미미했으며, 막강한 인플루언서들의 도움을 받을 힘은 전혀 없었다. 그러나 블로그 구독자 수가 서서히 증가하면서 더 중요한 사람들에게 더 넓은 범위로 영향을 미칠 수 있게 되었다. 아래 첨부한 구독자 수는 내 영향력을 보여주는 좋은 지표다.

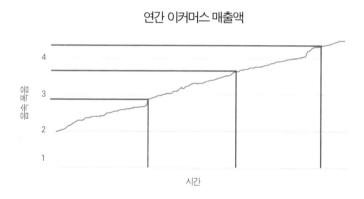

연간 이커머스 매출액

위 그림은 앞서 보여준 구독자 수 성장세 그래프에 상상의 '영향력 격자'를 덧씌운 것이다. 격자무늬는 이론적이지만 실제 나타난 상황은 현실이다.

추동력이 붙을수록 나는 더 많은 부탁을 할 수 있는 권력을 가지게 되었다. 아무것도 없이 시작했을 때는 음속 신음 sonic whimper 조차 만들어낼 수 없었다. 몇 년이 지나면서 겨우 음속 속삭임(sonic murmur)정도를 만들 수 있었는지 모르겠다. 그러나 확실한 건, 내가 꾸준히 한 만큼 내 홍보 잠재력도 향상되었다.

나는 아직도 내가 원하는 위치에 도달하지 못했다. 나는 나의 영웅인 훌륭한 작가/철학자 브레네 브라운(Brené Brown)에게 연락해 이 책을 위한 인터뷰를 요청했었다. 그녀의 비서는 몇 주 후 답장을 주었고 정중히 거절 의사를 밝혔다. (여담이지만, 브레네는 최근 팀 페리스의 팟캐스트 게스트로 출연했다. 당연하지 뭐.)

이점은 이점을 낳는다.

전작과의 관련성

편집자 중 한 명이 이번 장을 읽고 "이 부분은 당신의 책《노운 KNOWN / 국내 미출간》과 많이 닮았네요."라고 말했다. 실제로 그렇다. 몇 년 전 나는 이처럼 느리지만 꾸준한 철학을 통해 개인 브랜드를 구축하고 론칭할 수 있는 단계별 계획을 담은 베스트셀러를 썼다. 이 방법은 효과적이었다. 본 책은《노운》제2편으로 여겨도 될 것 같다.

자신의 브랜드를 만들었다면 거기에 추동력을 얹어 보자!

이 두 책의 결론은 같다. 인지도를 얻거나 성공의 복리 추동력을 위해 돈과 지위, 윙클보스의 포셀리안 클럽 같은 인맥이 요구되는 것은 아니다. 또한 놀라운 성공을 거두기 위해 유명해지거나 구글 검색어 1위에 오를 필요는 없다. 당신에게 필요한 것은 단지 자신의 추동력을 꾸준히 진전시켜 나갈 수 있는 결단력과 기개이다.

이것이 당신에게 힘과 영감을 주었으면 한다. 컴퓨터와 인터넷만 있으면 당신은 그 무엇이든 생성해낼 수 있다. 목소리를 낼 수 있다. 당신이 누구인지, 어디 출신인지, 어떻게 생겼는지, 얼마나 부유한지, 심지어 얼마나 나이가 들었는지조차 중요하지 않다. 스스로 목소리를 내고 자신의 관객을 찾으면 된다.

다른 사람이 당신을 선택해 주길 기다릴 필요가 없다. 당신이 당신을 선택하면 된다.

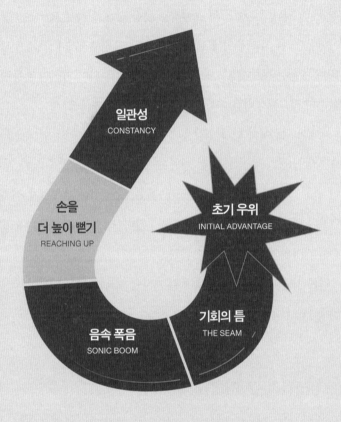

더 멀리, 더 높이

"당신을 더 높은 곳으로 데려다줄
사람들과 지내라."

오프라 윈프리 Oprah Winfrey

PART 08

더 멀리,
더 높이

Reaching Out, Reaching Up

시간과 공간을 거슬러 더 아름답고 순진한 공간으로 당신을 데려 가겠다. 그렇다. 1장으로 돌아가 보자. 나는 그 흥미로운 장에서 성공의 복리 개념이 어떻게 로버트 K. 머튼과 헤리엇 주커만의 노벨상 수상자와 관련된 놀라운 연구에서 구체화되었는지 설명했었다.

이때, 내가 언급하지 않은 뜻밖의 발견이 있는데, 그들이 연구한 55명의 노벨상 수상자 중 46명(84%)이 이미 노벨상을 받은 사람 밑에서 공부했다는 사실이다! 이 권위적인 남성들이(그들 모두 남성이었다) 다음 세대에게 시스템을 작동시키고 영향력과 추동력의 유산을 이어가는 법을 가르쳤다는 반박할 수 없는 증거가 존재한다. 즉, 세대 간의 마태 효과이다!

로버트 K. 머튼은 그의 일평생의 연구를 효율적으로 이용해 자신만의 성공의 복리를 만들었다. 이에 걸맞게 저명한 연구원이자 MIT 교수인 그의 아들 로버트 C. 머튼은 1997년에 노벨 경제학상을 수상했다.

이 패턴은 우리의 아이디어와 커리어를 위한 추동력에 있어서 중요한 단서를 제공한다. 우리를 지원해 줄 수 있는 '높은 곳에 있는 친구들'을 곁에 두는 것이 도움이 된다는 점이다.

로버트 K. 머튼의 예기치 못한 추동력의 길을 생각해보라. 그는 가난한 1세대 이민자였지만, 결국 하버드에서 박사학위를 수여하고 역사상 가장 유명한 사회학자 중 한 명으로 이름을 올리게 된다. 물론 머튼의 노고와 예리한 지성은 부인할 수 없다. 그러나 그가 살면서 의미 있는 도움을 받았다는 사실을 간과해서는 안 된다.

머튼은 책을 60권 이상 집필한 선구자적인 인류학자 조지 이튼 심슨 George Eaton Simpson 밑에서 학자로서의 경력을 시작했다. 심슨은 머튼이 명망 높은 미국 사회학회 American Sociological Association의 연례 모임 초대장을 받을 수 있게 해주었고, 덕분에 그는 하버드대학 사회학과를 설립한 의장 피티림 소로킨 Pitirim Sorokin과 친해질 수 있었다. 머튼은 훗날 "소로킨의 격려가 없었더라면 나는 하버드 대학원에 지원할 용기를 내지 못했을 것이다."라고 기록했다.

이는 머튼의 성공 이야기에 중요한 교차로가 된다. 유명한 사회학자로서 그의 커리어는 하버드에서의 경험으로부터 시작되었다. 그러나 1930년대에 돈과 혈통이 뒷받침해주지 않는 상황에서 소로킨의 도움 없이 그가 하버드에 입학을 허가받기란 힘들었을 수 있다. 일자리가 귀했던 대공황 시절에 소로킨은 머튼을 위해 대학에서 지도 활동을 할 수 있는 귀한 자리 하나를 확보해두었다. 그리고 머튼을 그의 조교로 임명했고, 이는 겨우 2년 차 때 그가 첫 학술 기사를 출간하는 발판이 되었다.

머튼은 "격차를 상쇄시키는 개입들이 없다면 성공의 복리가 우리에게 불리하게 작용할 수 있다."라고 말했다. 우리는 그의 경력에서 그 증거를 찾을 수 있다.

머튼과 마찬가지로 나도 특권의 혜택 없이 추동력을 쌓아가는 것은 가능하다고 생각한다. 그러나 가족의 부, 인맥이나 교육의 기회를 누리지 못했다면 아마 당신이 가는 길에 누군가가 잠깐은 차에 태워줘야 할 것이다. 우리는 친구가 필요하다. 정확히 말하자면 인맥을 가진 친구가 필요하다.

이번 장에서 나는 멘토십의 개념을 새로운 관점에서 살펴보고자 한다. 우리는 더 멀리, 더 높이 가는 법을 배울 것이다.

한 마을이 필요하다

나는 로버트 머튼처럼 사우스 필라델피아 슬럼가의 삶을 극복해 내야 했던 것은 아니었지만, 다섯 형제와 침실이 두 개 있는 대단치 않은 블루칼라 동네의 좁은 집에서 어린 시절을 보냈다. 가장 가까운 놀이터는 우리가 '물이 쏟아지는 초원Flushing Meadows'이라고 부르던 하수처리장 옆에 있는 작은 풀밭이었다.

배를 곯았던 적은 없으나 생필품 살 돈을 제외하면 남는 것이 없었기 때문에, 자전거나 야구모자 같은 추가적인 무언가를 갖고 싶다면 스스로 돈을 벌어야 한다는 사실을 일찍이 깨달았다. 10살이 되었을 즈음부턴 낙엽을 쓸고, 세차하고, 집집마다 돌아다니며 채소 씨앗을 팔았는데, 정원 하나 없이 다닥다닥 붙어있는 동네에서 그건 쉽지 않은 일이었다.

따라서 대학 교육을 위한 선택지는 단순하게 좁혀졌다. 여러 개의 장학금을 합치고 세 개의 아르바이트를 동시에 하며 갈 수 있는 형편이 되는 대학은 웨스트버지니아 주립대학교WVU(West Virgina University)뿐이었다. 나에게 WVU에서의 경험과 그곳에서 받았던 교육은 정말 소중하다. 그러나 취업 기회의 측면에서는 심각하게 불리했다. 웨스트버지니아주는 미국에서 가장 빈곤한 주 중 하나이고, 가장 가까운 대규모 고용 지역은 130킬로미터 떨어진 피츠버그였다. 하루에 두세 번의 항공편만 운행하는 조그마한 모건타운 공항에 회사의 채용 담당Recruiting 직원들이 방문하기에는 무리였다.

잠재적 고용주들과 접촉하기 위해 나는 무언가 해야만 했다. 나는 학술 동아리 회장이 되어 내가 가장 관심 있는 피츠버그 지역의 회사들에게 학교 캠퍼스 초빙 강사로 방문해 줄 것을 문의했다. 이는 개인적으로 아주 훌륭한 혜택이 되었다. 그들은 대학에서 연설하는 것을 자랑스러워했고, 덕분에 나는 그들이 캠퍼스를 방문할 때마다 두세 시간 함께 있을 수 있었다. 조금은 튀는 방법으로 나는 새로운 기업 인맥 드림팀을 꾸리고 있었다.

알코아는 우리 지역에서 가장 인정받는 회사 중 하나였다. 1888년 피츠버그에 설립되었고, 여전히 그 아름다운 강의 도시에 글로벌 본사를 두고 있었다. 알코아는 포춘 100에 속하는 거물 기업이자 다우존스 Dow Jones 산업이었고, 최고의 인재를 고용한다는 평판을 받는 회사였다. 나는 알코아와도 초빙 강사 인맥을 맺었고, 때가 되어 여름 인턴십 문의를 했을 때 나의 새로운 지인은 이렇게 대답했다.

"마크, 자네는 정말 훌륭한 인재지만 우리 인턴십 채용은 이미 끝났네. 그러나 피츠버그에 올 일 있으면 나에게 꼭 들르게."

바로 그다음 주, 나는 그에게 (물론 거짓말이었지만)피츠버그에 갈 일이 있다고 말했고, 그는 함께 점심을 먹자고 했다. 나는 정장, 넥타이 그리고 피츠버그행 이른 아침 표를 끊었다. 하버드—예일—프린스턴 클럽에서의 점심을 포함하여, 알코아 부사장과 몇 시간을 함께 보낸 후 그는 나에게 이렇게 말했다.

"내가 자네에게 거짓말을 했어. 인턴십 기회가 있긴 하네. 그러나 우리는 아이비리그 학생들만 모집해왔어. 웨스트버지니아 대학에서 누군가를 고용해 본 적이 없어서 자네를 고려하지 않았었지. 그런데 자네가 나를 보기 위해 피츠버그에서 여기까지 왔다는 사실이 인상 깊어서 기회를 한번 주려고 하네."

　그다음 주에 나는 같은 정장과 같은 넥타이를 매고 다시 그 버스에 올랐고, 온종일 인터뷰를 진행했다. 그리고 인턴십에 합격했다. 참고로 내가 유일하게 받았던 다른 인턴십 오퍼는 당시 가장 인기 있던 피츠버그 텔레비전 방송국에서 뉴스 리포터로 일하는 자리였다. 내가 알코아를 선택하지 않았더라면, 당신은 이 책이 아니라 나를 저녁 뉴스에서 접하고 있었을 수도 있다!

　나의 능동적 네트워킹의 장기적 결과는 엄청났다. 기회가 있는 곳으로 스스로를 밀어 넣기 위해 앞장서며, 나는 알코아에서의 근무 기회를 막고 있던 높은 학벌아이비리그의 장벽을 극복해냈다.

　인턴십이 끝나고 알코아는 나를 정식으로 채용했다. 그곳에서의 커리어가 끝날 무렵 나는 회사의 글로벌 전자상거래 책임자가 되어 있었고 임원 중 상위 1%에 속했다. 세계 곳곳을 누비고 다녔고, 알코아는 내게 대학원을 다닐 돈을 지원해주었다. 덕분에 나는 두 개의 학위를 더 취득할 수 있었다. 그리고 나를 지지해주고 그다음 기회로 넘어갈 수 있게 해준 훌륭한 전문가들과 일평생의 관계를 쌓을 수 있게 해준 점이 가장 중요하다.

　이 책을 위한 인터뷰를 진행하면서 하나의 주제가 특히 눈에 띄었다. 스스로 성공의 복리를 쌓으려면 '더 멀리 그리고 더 높이' 손을 뻗어야 한다.

멘토링을 재발명하다

다음은 유명한 진로 사이트에서 찾은 멘토링의 정의다.

멘토링은 멘티의 성장과 발전을 돕는 것에 집중된 장기적인 관계이다. 멘토는 지혜, 가르침, 지지를 제공한다.

나는 이 정의는 이제 시대에 뒤처졌다고 생각한다. 특히 추동력을 구축하고 싶은 당신과 같은 사람에게는 말이다. 지혜와 가르침이 필요하다면 장기적인 멘토는 필요 없다. 인터넷 연결만 있으면 된다.

추동력 구축에 있어서 멘토링이 제공하는 가장 큰 가치는 접근성이다. 기회의 접근성. 통찰력의 접근성. 추동력을 구축하고 개인의 성장으로 이어질 수 있는 사람과 희소한 자원의 접근성. 정보는 유용하지만 대체로 모두에게 주어진다. 그러나 접근성은 희소하고, 독특한 추동력을 쌓는다.

당신이 테니스 선수라면 테니스 코트에서 다른 선수에게 테니스를 배워야 한다. 당신이 외과 전문의라면 유튜브를 보며 기술을 익히지는 않았으면 한다. 그렇다. 이런 경우라면 멘토는 당신에게 가르침을 줘야 한다!

그러나 오늘날 대부분의 다른 직업들은 멘토링의 역할을 다시 상상해볼 필요가 있다.

일레로 아리엘 인베스트먼츠Ariel Investments의 회장이자 공동 사장인 멜로디 홉슨Mellody Hobson의 이야기를 공유하고자 한다. 그 어떤 직업군을 선택해서 보아도 멜로디는 슈퍼스타다. 그녀는 제이피모건 체이스JPMorgan Chase와 록펠러재단Rockefeller Foundation의 이사이며, 스타벅스 부의장이고, 드림웍스 애니메이션DreamWorks Animation의장이었다. 멜로디는 몇 개의 중요한 지역사회조직을 시작한 선구자적 자선가다. 2016년에는 미국 예술 과학 협회American Academy of Arts and Sciences로 선출되었다. 이 모든 것은 그녀의 진취성과 새로운 기회들을 열어준 멘토의 도움으로 시작되었다. 이 부분의 일부는 헌세커(Hunsaker), 에튼슨(Ettenson), 노울스(Knowles)가 MIT 슬론 경영 리뷰에 쓴 〈변화를 생각하는 법 바꾸기(Changing How We Think About Change)〉라는 기사에서 영감을 받았다. 이 저널은 성공의 복리를 사업에 적용할 때 필요한 자료들을 보유하고 있다. 그녀는 말했다.

"나는 형편이 어려웠다. 홀어머니 밑의 육 남매 중 막내였고, 쫓겨나서 이사를 자주 했다. 전화 연결은 단절되었고, 자동차는 압류되었고, 정부 치즈government cheese, 미국에서 복지 수혜자에게 제공되는 가공 치즈를 받으며 살았다. 우리는 핫플레이트에 뜨거운 물을 데워 사용했다. 그렇지만 어머니는 나에게 매일 '너는 그 무엇이든 될 수 있어'라고 말해주었다. 나는 그녀를 믿었고, 그 말 덕분에 학교에서 큰 꿈들을 꾸는 기대에 부풀어 이른 새벽에 기상하곤 했다.

나는 우리 집에서 대학을 간 유일한 여자였기 때문에 이것저것 알아보기 위해 많이 노력해야 했다. 대학 입시 인터뷰에서 아리엘의 설립자 존 로저스John Rogers를 만났고, 그 사람한테서 배울 점이 많다는 것을 깨달았다. 대학교 2학년 때 그에게 여름 인턴을 할 수 있는지 물어봤고 그는 수락했다.

나는 토요일 오전에 출근해서 우편물을 분류하고 그의 의자에 분류된 우편물을 올려놓곤 했다. 어느 날 아침, 내가 로비에 앉아 우편물을 분류해서 쌓고 있는데 존이 들어와서 무엇을 하고 있냐고 물었다. 나는 '우편물을 분류하고 있습니다.'라고 대답했다. '누가 하라고 시켰나요?' 그가 다시 물었고, 나는 '아니요. 그저 당신이 정보를 신속하게 알고 싶어 하는 것을 알기 때문에 여기 와서 우편을 분류합니다.'라고 대답했다. 그는 나와 함께 바닥에 앉아 우편물을 분류하기 시작했다. 그후 매주 토요일 그는 나와 함께 그 작업을 계속했다. 그리고 나는 아리엘 정직원이 되었다.

나는 매주 토요일 아침 존이 시카고에 있는 위배시Wabash에 독서를 하러 간다는 것을 알고 있었고, 나도 그곳에 함께 가기 시작했다. 나쁜 스토커로서가 아니라, 관심을 가지고 그가 즐겨 읽는 신문과 잡지 정리를 돕기 위해서였다. 나는 그에게 아무 말도 하지 않았다. 그가 나에게 말을 걸고 싶다면 말을 할 것으로 생각했기 때문이다. 그리고 시간이 지나자 그는 조금씩 말을 하기 시작했다. 몇 주 그리고 몇 달이 지나면서 그는 점점 더 많은 말을 했다. 그리고 나에게 숙제를 내기 시작했다.

내가 특정한 아이디어에 대해 더 알아보기를 바랐다.

나는 그가 내 멘토가 되어주기를 바랐지만, 그에게 그 어떤 부탁도 하지 않았다. 그저 그에게 도움이 될만한 장소에 있기 위해 노력했다.

25살이 되었다. 존은 내가 만나야 한다고 생각하는 사람들을 나에게 소개해주기 위해 전국을 돌아다녔다. 그는 프린스턴 대학 이사로 있는 잭 보글Jack Bogle이라는 뱅가드Vanguard, 세계적인 자산운용사의 사장에게 전화를 넣었다. '여기 프린스턴에 다녔던 청년이 있는데 그녀가 꼭 당신을 만나봤으면 합니다.'라고 말했다. 잭은 '그래, 좋네.'라고 대답했다. 딱히 흥미를 보이진 않았다. 존은 다시 한번 '그녀가 당신을 꼭 만나봤으면 좋겠습니다, 당신은 업계의 전설이지 않습니까.'라고 말했다. 이내 잭은 '내가 그날 이 시간에 뉴욕에서 필라델피아로 가는 기차를 타는 데, 와서 함께 기차를 타지.' 하고 대답했다.

우리는 비행기를 타고 뉴욕에 갔고, 공항에 도착한 후 펜실베이니아 역으로 향해 기차 식사 칸에 그와 함께 앉았다. 우리는 잭 보글과 함께 뉴욕에서 필라델피아로 떠났다. 그 기차 안에서 존은 '멜로디가 30살이 될 때 아리엘의 회장이 될 것이기 때문에 이 인맥이 아주 중요하다.'고 잭에게 설명했다. 나는 놀라 '뭐라고요?'라고 되물었다. 그는 다시 말했다. '이사회에 말했는데 그녀가 30살이 될 때까지 기다려야 한다고 하더군요. 당신은 업계 전설이고, 그녀가 당신과 관계를 맺고, 질문을 할 수 있었으면 좋겠습니다.'

존은 이런 식으로 나를 위해 문을 열어주었다. 존은 내가 나라는 사람이 되는 것을 근본적으로 도와주었다. 그에 대한 칭찬은 아무리 해도 부족하다.

나에게 핵심적인 경험을 얻는 것이란 그것이 나에게 오기만을 기다리거나 그런 관계를 요청하는 것이 아니라, 나가서 직접 획득해오는 것을 의미한다."

럼피 메일

매슈 스위지Matthew Sweezey는 내가 근 5년간 만난 가장 흥미로운 사람 중 한 명이다. 매슈는 세일즈포스Salesforce 사의 마케팅 임원이고 《콘텍스트 마케팅 혁명The Context Marketing Revolution / 시크릿하우스, 2021》이라는 중요한 책의 저자다. 그러나 그의 숨겨진 재능 중 하나는 손을 멀리 그리고 높이 뻗어 멘토링 도움을 요청하는 것이다. 그의 이야기는 다음과 같다.

"나는 대학에서 농업경영을 전공했고, 애틀랜타에서 복사기 판매를 하는 것이 첫 직업이 되었다. 그때 나는 내 인생을 혐오했다. 그것은 말 그대로 내가 가졌던 직업 중 최악이었다. 나는 석 달간 일하며, 지금 있는 곳에서 나가, 마케팅 업계에서 일하는 내 꿈을 좇아야 함을 깨달았다. 그러나 내 이력서에 적을 만한 직접적인 경력이 없었다. 이 틀에서 벗어나기 위해 무언가 생각해내야 했다.

나는 나 자신을 마케팅하면서 마케팅에 대해 배우기로 했다. 그리고 럼피 메일lumpy mail이라는 개념을 만들어냈는데, 이는 일종의 입체적 디렉트 메일 direct mail, 상품을 선전하기 위해 고객들에 우편으로 보내는 인쇄물이다.

나는 먼저 내가 일하고 싶은 회사의 모든 CEO의 정보를 알아냈다. 그리고 그들을 위해 소포를 만들었는데, 돌이켜보면 상당히 저급했다. 내가 이쪽 분야에 경험이 없다는 점을 활용해서 '당신의 조직을 위한 씨앗입니다. 함께 성장하는 것을 지켜봐 주세요!'라는 이야기를 만들어 냈다. 소포에 나만의 브랜드명을 새기고 씨앗 봉지들과 흙을 넣었더니 크기가 꽤 크고 구성이 정교했다. 박스의 표면에는 '신선도를 위해 신속하게 개봉해주세요.'라는 문구가 새겨진 스티커를 붙였다. 각 우편물에 100달러 정도 투자한 것 같다. 정말 과하긴 했다.

나는 CEO가 진짜로 자신의 책상에서 열어볼 만한 박스를 만들고 싶었다. 그들이 지금까지 보아온 것과 완전히 다른 무언가를 말이다. 이는 관련 경험이 없었기 때문에 나에게 주어진 유일한 기회였다. 그리고 더불어 누군가의 관심을 끌 만한 진취성과 창의력을 보여주고 싶었다.

나는 10개의 상자를 보냈고, 이를 받은 CEO 중 절반이 내게 직접 전화해 응답해주었다. 그중 한 명은 내 소포에 '이 사람을 고용해.'라는 메모를 써서 인사팀에 보냈다. 그렇게 나는 첫 마케팅 직업을 갖게 되었다. 직접 만나보지도 않고 말이다.

마케팅 전문가가 되어갈수록 내게 멘토들의 도움이 필요해졌다. 배워야 할 것이 많았기 때문이다. 누군가에게 멘토가 되어달라고 그냥 무턱대고 부탁하는 것은 상당히 설득력 없다. 그 대신, 나는 그 사람에게서 배우고 싶은 모든 것을 담은 하나의 커리큘럼을 구성했다. 잠재적인 멘토 후보들에 대해 온라인으로 알 수 있는 모든 정보를 숙지했다. 그리고 그들만을 위한 럼피 메일을 만들었다. 그들의 입장에 서서 '사람들이 나에게 어떤 질문을 하면 좋을까?'라는 생각을 해보았고, 그게 바로 커리큘럼의 핵심이 되었다.

나는 자신들의 분야에서 탑이자 세계 최고인, 나에게 그림의 떡인 자들을 멘토로 구하려 했고, 디렉트 메일 마케팅은 그들과 접촉하는 가장 효과적인 방법이 되어주었다.

나의 마지막 멘토는 《긴 안목의 예술The Art of the Long View / 비즈니스북스, 2004》의 저자인 미래파 예술가 피터 슈와즈Peter Schwartz였다. 나는 다양한 분야에서 놀라운 사람들과 이런 식으로 관계를 구축해왔다.

내 멘토들은 나를 위해 정말 많은 새로운 기회들을 열어주었다. 나는 핵심 투자자들, 신기술 그리고 훌륭한 선구적 이론가들을 소개받았다. 내가 피터 슈와즈와 맺은 관계는 곧바로 승진으로 이어졌다."

더 멀리 더 높이 손을 뻗는 방법

당신의 성공의 복리를 만들기 위해 내가 제시하는 모든 아이디어 중 멘토에게 더 멀리 더 높이 손을 뻗는 것이 가장 중요하다고 생각한다. 그로 인해 얻는 조언과 관계들은 당신의 인생을 완전히 바꿔놓을 수도 있다.

아래는 당신의 추동력에 도움이 될 수 있는 사람들과 관계를 구축하는 방식에 관련된 아이디어들이다.

〰️ 명확히 하라

당신의 목표를 분명하게 표현할 수 있어야만 이상적인 멘토를 찾을 수 있다. 당신이 인생에 있어서 어디로 가고 싶은지 설명할 수 없다면, 어떻게 다른 이가 그곳에 도달하도록 도와줄 수 있겠는가? 미래에 대한 당신의 비전은 시간과 함께 변할 것이다. 그리고 당신의 멘토들 또한 바뀌게 될 것이다.

스프링클러의 레지 토마스는 나에게 이렇게 말한 바 있다.

"'학생이 준비되었을 때 비로소 선생이 나타난다.'라는 불교의 가르침이 있다. 이것은 해결하고자 하는 문제가 명확해지면, 비로소 문제 해결을 위해 당신이 모르는 것이 무엇인지 명확해진다는 것을 의미한다. 학생 대부분은 자기가 준비되지 않았기 때문에 적합한 선생님을 찾지 못한다. 자신이 무엇을 배워야 하는지가 스스로 명확하지 않다."

📈 잠재적 멘토들을 공부해보라

한 사람의 열정과 강점, 과거 등은 인터넷을 통해 보통 며칠 안에 충분히 파악할 수 있다. 그들의 커리어는 어땠는가? 주된 업적은? 최근에 무언가 쓰거나 인터뷰한 적이 있는가? 잠재적 멘토에게 접근하기 전에 그들에 대해 당신이 알아낼 수 있는 모든 것을 숙지하지 않는다면 아마추어 같아 보일 것이다.

그들의 가치관이나 개인적인 적합성에 대한 느낌을 잡아보는 것도 중요하다. 나는 인스타그램을 통해 일상을 관찰하는 것을 좋아하는데, 이를 통해 잠재적 멘토의 취미, 가족 그리고 그에게 의미 있는 장소를 얼핏 살펴볼 수 있다. 그는 나와 친해질 수 있는 사람인가?

📈 가치 제안서를 개발해보라

매슈 스위지는 말했다.

"선구적 사상가들에겐 자신을 따르는 사람이 많다. 그러나 완벽한 계획을 세우고 그들과 이론 및 아이디어를 논의하고자 하는 사람들은 아주 드물다. 나는 이것을 즐기고, 그들도 마찬가지다. 대부분 사람은 그들의 시간을 소비하려고 한다. 반면 나는 가치를 더하고자 한다."

멘토의 관심을 유발하고 그의 인생에 가치를 더해줄 결합조직을 찾아보라. 당신이 숙제를 해왔다는 것을 보여주어라.

손을 더 높이 뻗어라

단순히 당신이 원하는 직업을 가진 자를 찾지 말고, '당신이 닮고 싶은 유형의 사람'을 찾아라. 이것은 당신이 어떤 사람이 되고 싶은지 더 명확해지는 것을 의미한다.

손을 더 높이 뻗어라! 매슈 스위지는 그와 비슷한 지위에 오르고자 하는 포부가 있었기 때문에 세계 최고 미래파 예술가와 접촉했다. 그의 세계에 접근하는 것 자체가 엄청난 추동력이 될 터였다. 집요해져라. 한 사람과 잘 풀리지 않는다면, 다른 사람에게 시도해보라.

당신이 현재 맺고 있는 관계와 이미 당신에게 조언을 주고 있는 자들을 간과하지 말라. 멘토는 당신보다 나이가 많을 필요가 없다. 당신과 같은 회사에서 일하거나 심지어 같은 분야에서 일하지 않아도 된다.

거대한 부탁

사업가이자 작가인 앤 핸들리Ann Handley는 이 말을 자주 한다.

"거대한 호의는 그에 걸맞은 거대한 부탁Big Ask을 필요로 한다."

이 소란스러운 세상 속에서 어떻게 의미 있는 관계를 맺을 것인가? 꼭 '럼피 메일'이 아니어도 되지만, 누군가의 믿음을 얻고 그에게도 득이 되는 방향으로 관심을 끌 방법은 찾아내야 한다.

거대한 부탁의 몇 가지 특징은 다음과 같다.

❶ 가능하다면 이메일을 통해 누군가에게 멘토가 되어달라고 부탁하지 말라. 직접 만나 커피를 마시거나 전화 통화를 하는 것이 당신의 의사를 전달하고 그들의 우려 사항을 해결하는 데 훨씬 용이하다.

❷ 얼마만큼의 시간과 관심이 필요한지 설명하라.

❸ 멘토링을 통해 무엇을 얻고 싶은지, 왜 그 사람이 당신의 멘토가 되었으면 하는지 그리고 애당초 왜 멘토가 필요한지 설명할 수 있도록 준비하라.

❹ 당신은 선생님이 아니라 접근성과 기회를 찾고 있다고 설명하라.

❺ 당신이 그 사람에게도 줄 수 있는 가치를 설명하라.

📈 관계가 유기적으로 발전할 수 있도록 하라

우리는 보통 멘토링에 현실성 없는 기대를 걸곤 한다. 지위와 권위의 느낌을 내기위해 명칭을 붙이고 싶어 한다. 그러나 이는 사실 그냥 우정의 일종이다.

멘토링은 유기적이다. 그러니 다른 관계들처럼 시간과 상호 존중과 신뢰에 기반을 둬 유기적으로 성장하게 두는 것이 건강하다.

어떤 비즈니스 리더들은 '멘토'라는 단어 사용 자체를 지양하도록 조언한다. 너무 격식을 차린 약속 같아 부담될 수 있기 때문이다. 그 대신, "나는 당신의 조언을 정말 중요하게 생각합니다. 대화를 계속 이어갈 수 있을까요?"라는 식으로 접근해보라. 무엇을 하든 '당신의 머릿속을 들여다보고 싶다'라는 식의 말은 하지 말자. 누군가를 이용하려고 하는 것으로 보이니 말이다.

🗠 이사회를 만들어라

나는 현재 한 명의 멘토만 두고 있지 않다. 대신 다양한 분야에 종사하는 사람들로 구성된 개인적 '이사회'를 만들어 (개별적이며)주기적으로 만나며 아이디어를 나누고 문제를 해결한다. 나의 이사회는 다음과 같이 구성되어 있다. 이들은 내게 진실을 말해주고, 자신들의 기발한 아이디어로 자극을 주는 믿을만한 동지들이다.

• 소프트웨어 회사 설립자인 변호사

- 비영리 산업에 종사하는 임원
- 맨해튼에 있는 마케팅에이전시 CEO
- 전 IBM 임원이자 회사 설립자
- 소비자 제품 연구자

이 개념의 다른 변형은 마스터마인드 그룹mastermind group이다. 마스터마인드 그룹은 보통 특정 영역의 선구적 사상가가 자신과 생각이 유사한 개인들을 모아 최고의 관행과 경험들을 함께 나눈다. 간혹 합류하기 위해 돈을 지급해야 하는 경우도 있지만, 무료로 형성되는 그룹들도 있다.

비 스퀘어드 미디어B Squared Media 설립자 브룩 셀러Brooke Sellas는 자신이 이를 어떻게 활용하는지 설명했다.

"내 마스터마인드 그룹은 두 달에 한 번 모임을 가진다. 이 그룹은 아이디어, 생각, 재정, 피드백, 연락처와 자원을 공유하는 다섯 명의 유사한 기업가들로 구성되어 있다. 우리는 각자의 경험 및 서로에게 기회가 될 수 있는 인맥을 공유할 뿐 아니라, 서로의 목표 진전을 진심으로 응원한다. 이 그룹은 내가 업계 내에서 변화를 이끌고 새로운 기회를 찾는 데 도움을 주었다. 금지되는 대화 주제는 없다. 마스터마인드는 내게 해결되지 않은 문제들에 대해 지적인 토론을 할 수 있는 적합한 동료들을 제공해준다."

📊 한층 더 노력해보라

분주하고 요란한 세상이다. 누군가의 관심을 끄는 것은 노력이 필요하다. 꼭 럼피 메일을 만들 필요는 없지만, 인맥을 얻기 위해 무언가 특별한 노력은 해야 할 것이다.

자마르 존슨JaMarr Johnson은 미국 해병대와 해군에서 뛰어난 경력을 쌓았다. 그는 비즈니스의 세계에 영향을 미치고자 회계학을 전공했지만, 우연히 많은 사람 앞에서 연설할 기회가 주어졌을 때, 자신이 엔터테이너가 되기 위해 태어났음을 깨닫게 되었다. 정확히 말하자면 그는 코미디언이 되고 싶어졌다. 그러나 군대에서 엔터테이너가 되는 추동력을 쌓기란 쉽지 않은 일이었다. 도움 없이 쉽게 실현될 수 없다.

자마르는 샌프란시스코에 정착해 항상 무대에 설 기회를 찾아다녔다. 그는 말했다.

"나의 초능력은 사람들과 관계를 맺는 것이다. 그리고 나는 기회를 요청하는 것을 두려워한 적이 없다. 나는 이벤트브라이트Eventbrite의 영업부장이라는 여자를 만난 적이 있는데, 그 회사는 매달 도시 곳곳에서 버라이어티 쇼 '문라이팅Moonlighting SF' 행사들을 후원하고 있었다. 나는 이 쇼에 들어가고 싶어서 어느 날 몇 명의 돈 되는 고객들을 데리고 그녀의 행사장에 찾아갔다. 나는 내가 연기뿐 아니라 행사를 위한 마케팅도 제공할 수 있다는 것을 보여주고 싶었다. 그녀는 내게서 깊은 인상을 받았고, 몇 달 안에 무대에 설 수 있도록 노력하겠다고 했다.

두 달 뒤, 그녀는 내게 이메일을 보냈다. '쇼에 출연해주세요.' 나는 쇼에 나가 끝장나게 잘했다. 모두가 날 좋아했다!

한 달 뒤, 그녀는 쇼호스트가 그만두었다는 말과 함께, 내게 쇼호스트가 되어줄 수 있겠느냐고 제안했다. 나는 한 번도 그런 일을 해본 적은 없었지만 '그럼요.'라고 대답했고, 다시 한번 끝장나게 잘했다. 정신 차려보니 그녀는 나를 풀타임 쇼호트로 만들어주었다.

이내 그녀는 2015년 프라이드 페스티벌Pride Festival 주 무대 진행자로 나를 선택했다. 나는 2만 명의 관중 앞에서 공연을 했고 역시나 끝장나게 잘했다. 그 이후 나는 오스카Oscar 파티 호스트로, 그리고 내게 역대 최고로 가장 많은 돈을 지급한 공연들에 초대받고 내 커리어는 탄탄대로를 걸었다.

무대에 오르는 경험들은 내 마케팅 사업을 위한 인맥을 만드는 데 도움이 되었다. 나를 위한 기회들이 생기며 내 커리어는 앞으로 쭉쭉 뻗어 나갔다."

팀 페리스의 관계구축 설명서

나는 커리어 초반에 멘토 그룹을 만들고 훗날에는 '이사회'를 만들었다고 언급한 바 있다. 그들이 없었더라면 오늘날 나의 추동력도 없었을 것이다.

팀 페리스는 어땠는지 살펴보자.

멘토의 중요성에 대한 인터뷰에서 팀 페리스는 관계를 쌓는 그만의 비밀 과정을 공개했다. 이 주제와 관련하여 많은 기사가 있으나 벤자민 하디(Benjamin Hardy) 박사가 쓴 〈당신의 이야기 다시 쓰기(How to Rewrite Your Past Narrative)〉가 가장 잘 요약하고 있다. 어딘가 익숙한 이야기일 것이다!

"유능한 자들과 관계를 맺는 하나의 좋은 방법은 바로 자원봉사를 하는 것이다. 1999년에 나는 돈도 없고 자원도 없었다. 아는 사람이 아무도 없었다. 하지만 낡은 초록색 자동차를 끌고 실리콘밸리로 향했고, 가득 찬 희망으로 굉장히 신나는 시기를 보냈다.

나는 스타트업 사업가를 위한 실리콘밸리 협회와 같은 여러 행사에 자원했다. 비즈니스 리더들을 끌어들이는 이런 행사들은 수없이 많고 모든 곳에 존재했다. 나는 물컵을 채우거나 표를 나눠주는 등 사람들을 만나는 데 필요한 일에 자원했다.

나는 곧 자원봉사자로서 주목받기 위해서는 엄청난 일을 하지 않아도 된다는 점을 깨달았다! 자원하는 사람 대부분은 아주 최소한의 일만 하기 때문이다. 그래서 특별한 행동을 조금씩만 더 추가해 준비 위원들의 눈에 들었고, 몇 달 만에, 그들은 500명의 참석자가 넘어가는 회의들의 기획에 나를 초대하고 있었다.

나는 주제와 발표자를 선정했다. 이때 내가 개인적으로 알고 싶었던 사람들과 연락을 취할 수 있게 되었고, 그중에는 《영혼을 위한 닭고기 수프Chicken Soup for the Soul / 지식프레임, 2018》 시리즈의 저자 잭 캔필드Jack Canfield, 클리프바Clif-Bar, 에너지바 브랜드를 통해 스포츠 영양학에 혁신을 불러온 게리 에릭슨Gary Erickson 그리고 일렉트로닉 아츠Electronic Arts의 공동 설립자 트립 호킨스Trip Hawkins가 있다.

나는 그들을 직접 만나게 되었다. 그리고 행사 참여를 제안하는 경험이 쌓일수록 더 능숙해져 갔다.

여기서 핵심은 내가 그들에게 내 멘토가 되어달라고 요청하진 않았다는 것이다. 그러나 6개월에 한 번씩 그들이 내게 조언을 줄 만한 인생 문제가 실제로 생겼을 때, 나는 짧은 이메일을 보내며 그들과 관계를 이어나갔다. 나는 이 중요한 우정들을 장기적으로 가져갔다.

7년 후, 내게 서적 판매인book agent을 소개해준 사람은 다름 아닌 잭 캔필드였다. 그리고 《나는 4시간만 일한다》의 모험은 잭이 아니었으면 불가능했을 것이다.

누구나 저런 사람들을 만날 수는 있다. 그저 자존심은 넣어두고 먼저 배우는 자세로 임하며 관계를 거래적인 형태로 가져가지 않으면 된다. 관계를 '네트워킹'할 필요는 없다. 좋은 사람이 되면 그뿐이다."

위로 올라가기

이 책 작업을 처음 시작했을 때, 나는 나와 팀 페리스가 높은 곳에 있는 멘토들의 마음을 사로잡기 위해 비슷한 전략을 사용하고 있으리라고 상상조차 하지 못했다. 이 놀라운 일치는 우연 그 이상의 의미가 있다고 생각한다.

더 멀리, 더 높이 손을 뻗는 것은 추동력을 구축하는 데 있어서 더할 나위 없이 중요한 부분이다. 그냥 앉아서 무언가 일어나기만을 기다릴 수는 없다. 오늘날엔 불가능할 정도로 긴 근로시간을 미화하는 '허슬hustle, '맹렬히 활동하다'라는 의미로, 흔히 열심히 일한다는 뜻으로 사용된다 문화'가 널리 수용되고 있다. 하지만 그 공식에는 진취성이 빠져있다. 우리 둘 다 어떠한 중추 세력 안을 비집고 들어가려 하진 않았지만, 진취성을 통해 적극적인 조치를 취했다.

당신을 도와주고 방향을 제시해줄 수 있는 사람들과 의미 있는 관계를 만들어나가는 것에는 안내와 연습이 요구되지만, 추동력 형성에는 이것보다 더 중요한 것이 없다.

이제 책의 막바지로 달려가며 중대한 사실을 공개할 때가 되었다. 지금까지 나와 팀은 오프라 영향권에 들어갈 동등한 기회가 있었던 것으로 보인다. 그런데 왜 팀에게는 그것이 가능했고 나에게는 불가능했는지 이제 알게 될 것이다.

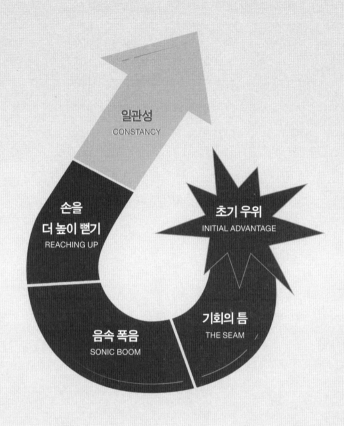

목적의 일관성

"관객을 얻는 것은 어렵다. 관객을 유지하는 것도 어렵다.
이것에는 오랜 시간의 생각, 목적 그리고 행동의 일관성이 요구된다."

브루스 스프링스틴 Bruce Springsteen

PART 09

목적의
일관성

Constancy of Purpose

⚶ 마태 효과는 초기 우위가 거의 모든 것에서부터 발생할 수 있다는 것을 보여준다. 자원의 접근성, 당신을 도와줄 수 있는 강력한 친구, 또는 머릿속에 있는 어떤 아이디어가 될 수도 있다. 초기 우위는 심지어 소금, 설탕, 연기도 될 수 있다. 이에 관해 설명을 좀 해보겠다.

앨런 벤튼Allan Benton은 우리 집에서 가까운 테네시주 매디슨빌에서 아주 작은 가게를 운영 중이다. 당신이 411번 고속도로를 주행 시, 주의를 집중해 열심히 찾지 않는다면 1980년대 빈티지 느낌의 가게를 그냥 지나칠 수도 있다. 어수선한 내부 인테리어는 평범하다 못해 촌스럽기 그지없는데, 심지어 앨런은 고객들과 통화할 때 아직도 다이얼식 전화기를 사용한다. 그러나 이 초라한 가게 뒤편의 연기 자욱한 방에서 마법이 일어난다.

앨런 벤튼은 세상에서 제일 맛있는 베이컨을 만든다. 만약, 당신이 미국식 베이컨의 기적을 모르는 나라에서 이 책을 읽고 있다면 이 이야기의 진가를 완벽히 이해하긴 어려울 것이다. 내가 다녀본 72개국에서 나는 대부분 베이컨을 먹어보았다. 그러나 미국식 베이컨은 완전히 색다르다. 두껍고 즙이 가득하며, 내 조국이 세계에 선사한 가장 아름다운 선물로, 재즈 그리고 농구와 어깨를 나란히 한다. 베이컨은 또한 하나의 상품이다. 미국인들은 베이컨을 워낙 많이 섭취해서 1년 평균 8킬로그램 그 생산공정이 대규모로 완벽히 자동화 및 산업화되어있다. 그러나 외딴곳의 이 낡은 가게는 예외다. 벤튼의 베이컨은 한 달이라는 기간에 걸쳐 하나하나 손수 절여진다. 그리고 세계적으로 유명하다.

앨런에 의하면 그가 그의 초기 우위를 발견한 방법은 다음과 같다.
"나는 버지니아주 스콧 카운티에서 태어났는데, 그곳은 워낙 산 안쪽에 있어서 햇빛을 보려면 고개를 위로 똑바로 들어야만 했습니다. 고기를 구매하기 위해 식품점에 갈 수가 없었죠. 우리는 모든 것을 직접 길러서 먹었고, 1년 내내 냉장 기능 없이 이 고기를 보존해야 했습니다. 우리는 그 절인 돼지고기를 먹고 살았고 식량으로 의지했습니다. 그리고 나는 우리 집안에 대대로 내려온 과정을 이용해 고기 절이는 사업을 시작했죠.
집에서 사용하던 본래의 조리법은 소금 3분의 2, 흑설탕 3분의 1 그리고 붉은 고추와 후추 한 움큼이었어요. 이를 손수 판에 문지르죠. 이 조합은 햄에서 물기를 제거해 박테리아가 생존할 수 없는 건조한 환경을 만들어내고 냉장 기능 없이 버틸 수 있게 해줍니다."
벤튼의 베이컨은 용감한 사람들만을 위한 것이다. 10일 동안 절인 후 10일 동안의 숙성 기간을 거치고, 연기 가득한 히코리hickory 나무

방에서 3일간 더 시간을 보낸다. 그 결과물은 엄청난 훈제 베이컨인데, 칙칙한 적갈색을 띠고 당신의 집을 애팔래치아 산맥의 캠프파이어 냄새와 버금가는 향으로 뒤덮는다.

벤턴이 베이컨을 준비하는 데 한 달이 걸리는 것에 반해 거대 식품 가공 공장들은 제품을 24시간 만에 만들어낸다. 이에 대해 그는 말했다. "우리는 연간 4만 개의 베이컨을 생산하는데 대형 공장들의 경우 이 정도는 하루 만에 해냅니다. 그들의 하루가 우리의 연간 생산량과 동일한 셈이죠!"

벤튼으로부터 얻을 수 있는 최고의 교훈은 다음과 같다.

"나는 5년간 사업을 한 후 아버지에게 이렇게 말했어요. '도저히 못하겠어요. 대형사들과 경쟁하는 것은 불가능하므로 아무래도 우리도 고기 숙성을 속성으로 진행해야 할 것 같아요. 그들은 내가 고기를 재료로 구매하는 것과 같은 가격으로 완제품을 팔고 있어요!'

나의 이 말에 아버지는 '아들아, 상대방이 하는 게임을 똑같이 한다면 넌 항상 질 수밖에 없다. 지금처럼 품질에 더 집중해라. 너의 차별화 요소는 품질이야. 그리고 품질은 마지막에 항상 승리할 것이다.'라고 조언해 주었습니다."

앨런의 추동력을 만든 초기 우위는 구식으로 손수 문지르고, 손수 절이고, 손수 훈제하는 방식이었고, 이것이 독특성을 더해주었다. 한때 상식적인 사업 분석을 통해 그는 자신의 사업이 취약하다고 판단했고, 그의 유일한 차별화 포인트를 영영 잃을 뻔했다. 그러나 감사하게도 그는 아버지의 조언을 따랐다.

결국 앨런의 우월한 제품은 테네시주 녹스빌 근처 고급 리조트 블랙베리팜Blackberry Farm의 유명한 셰프 존 플리어John Fleer의 관심을 끌었다. 다른 저명한 셰프들이 플리어의 부엌을 구경하러 오면 그는 이 놀라운 재료를 그들에게 소개해주었고, 머지않아 벤튼의 브랜드는 몇몇 세계 최고의 레스토랑들에 등장하게 되었다.

그러나 벤튼은 이 모든 것을 망칠 뻔했었다. 아버지의 조언이 없었다면, 그는 다른 사람들과 다를 바 없는 자동화의 길을 걸었을 수도 있고, 이는 그의 사업을 망가트렸을 것이다.

《좋은 기업을 넘어 위대한 기업으로》의 저자 짐 콜린스는 이러한 경향을 '악순환doom loop'이라고 부른다. 회사가 위기를 맞게 되면 경거망동하여 손에 잡히는 아무 유행을 따라 방향을 틀게 되고, 이는 더 큰 실패로 이어진다. 이는 아주 중요한 교훈이다. 성공의 복리 추동력을 위해서 당신은 자신의 초기 우위를 알아채고 그것을 고수해야 한다.

성공의 복리의 전력을 누리기 위해서는 목적의 일관성이 요구된다.

현명한 선택들의 연속

당신의 목표가 무엇이든 간에 목표의 일관성을 가지는 것에는 수년, 또는 일평생의 꾸준한 노력이 필요할 수 있다.

작은 우위의 기회들을 알아채는 것은 누구나 할 수 있는 일이다. 그러나 결국 성공의 복리는 그 사람이 장애물을 극복하고 그에 대해 무언가를 하려고 결심할 때에만 일어난다.

나는 이 책에서 성공의 복리로 가는 길을 표현하기 위해 간단한 모형을 사용했다. 그런데 사실 이것보다 정확한 그림은 저런 화살표들이 즐비한 긴 선의 형태일 것이다. 초기 우위를 위한 새로운 기회들은 아마 계속 열리고 있다. 인생은 다양한 기회들을 고려해보아야 하는 연속적인 타임라인이니까.

그렇다면 벤튼처럼 당신의 아이디어를 고수할지, 또는 새로운 문을 열어볼지는 어떻게 판단할 수 있을까?

추동력을 구축한 후 현명한 선택들을 통해 이를 유지하는 것이 중요한데, 첫 번째는 당신이 올바른 방향으로 가고 있는지에 대한 판단을 내리는 것이다. 틈을 뚫고 나온 후에도 추동력이 갖춰지기 전까지는 기회의 크기에 대한 파악이 어렵다.

추동력이 실제로 당신이 목표했던 곳으로 데려다주고 있는지 판단하기 위해 두 가지 질문에 답해야 한다.

꩜ 당신의 추동력은 타당한가?

당신의 전반적인 목표와의 적합성을 검토해볼 시간이다. 당신은 사업을 새로 시작하려고 하는가, 아니면 성장시키려고 하는가? 아이디어를 확산시키려고 하는가, 아니면 책을 쓰려고 하는가? 경력을 위한 추동력을 기르려 하는가? 그 추동력이 당신을 올바른 방향으로 이끌고 있는가?

그 타당성을 확인해보라. 틈을 통과한 후 당신의 관중이나 고객층이 당신의 아이디어에 관심을 보이는가? 당신에게 돈을 지급하거나 당신의 의견을 듣고자 하는가? 관중이나 고객층이 유의미한 규모를 이루는가? 추동력을 유지하는 데 투입되는 노력이 기회의 크기를 고려했을 때 적정한가?

다음의 경우 추동력의 타당성은 낮고 변화가 필요하다.

- 당신의 핵심 고객층은 더 적은 투입으로 더 많은 것을 얻으려고 한다.
- 그들의 구매 빈도나 관심이 줄어들고 있다.
- 고객들이 당신의 핵심 역량 밖에서 새로운 기능들을 찾고 있다.
- 현상 유지에조차 더 많은 자원이 요구된다.

다음의 경우 추동력의 타당성이 높으니 노력을 절반으로 줄여도 될 때이다.

- 당신이 제공하는 것은 높은 가치를 인정받으며 성장하는, 유효한 관중으로부터의 수요가 존재한다.
- 시간과 능력의 투자 수익률은 탄탄하고 성장 중이다.
- 진입장벽이 높은 관계로 당신의 추동력은 경쟁자들을 따돌리고 있다.

📈 당신의 성공의 복리는 지속가능한가?

당신의 현주소가 의미 있는 차별화를 제공하는가? 차별화 요소가 정말로 의미 있는가? 당신은 지속가능성을 검토해야 한다. 이 우위의 내구성이 어떠한가? 이 길에서 오랜 기간 성공을 누릴 수 있는가, 아니면 결국 같은 틈으로 경쟁자들이 밀고 들어와 당신을 압도할 것인가?

다음의 경우 당신의 추동력의 지속가능성은 낮고 변화가 필요하다.

- 다른 이들이 당신이 하는 것을 복제하거나, 발전시키거나, 이에 대한 유효한 대체재를 제공할 수 있다.

- 고객들이 당신이 차별화되지 않았다고 느낀다.
- 당신은 주의가 산만해지고 지루함을 느끼고 있다. 당신이 하는 일을 사랑하지 않는다면 포기하게 될 확률이 높다.

다음의 경우 당신의 추동력의 지속가능성은 높으니 이를 절반으로 줄여도 될 때이다.

- 당신이 잘하는 것을 아주 적은 수의 경쟁자들만 제공하고, 유지할 수 있다.
- 고객들이 당신이 아주 차별화되어 있다고 느낀다.
- 당신의 열정, 헌신과 열의는 높은 수준에 달해있다.

추동력을 구축하는 선택을 하는 것

당신이 아이디어, 커리어, 사회적 대의, 또는 사업을 위한 추동력을 구축하고 있든지 간에, 그 터빈Turbine, 물, 가스, 증기 등의 유체가 가지는 에너지를 기계적인 동력에너지로 변환하는 것 혹은 그러한 원동기에 원료가 되어줄 공통된 요소들이 존재한다.

추동력이 타당하고, 의미 있고, 지속 가능하고, 올바른 방향으로 향하고 있다면, 가속페달을 밟을 차례다.

📈 강력한 목표를 세워라

'당신이 아끼는 것은 측정해보라measure what you treasure'라는 오래된
비즈니스 속담이 있다. 목표를 세우는 것의 가장 큰 장점은 그것을 이
뤄내는 것에 있지 않다. 그 목표를 달성하기 위해 당신의 인생이나 회
사를 어떻게 조직하게 되는지가 진정한 장점이 된다. 목표가 바로 그
조직 활동을 유발한다.

목표가 인생, 회사 또는 국가를 바꿀 수 있다.

회사에 다니던 시절, 내 회사는 '비약적인' 목표를 설정하곤 했었다.
새로운 목표를 듣게 되면 보통 첫 번째 반응은 "말도 안 돼. 그건 불가
능해 보이는데!"였다. 그러나 어떤 꿈에 집중적으로 몰두하면, 놀라운
일들이 일어날 수 있다. 그리고 이런 도전적인 목표를 달성해보는 것은
전체적으로 열정과 추동력의 문화를 생성해낸다.

📈 목표를 지원하는 환경을 도입하라

비약적인 목표의 달성은 단순히 의지력에만 의존할 수 없다. 의지력
은 보통 과거 성과에 기반을 둔, 점진적이고 선형적인 성장에 초점을 두

고 있으므로 추동력을 위한 가장 느리고 비효율적인 방법이 된다.

당신의 현재 능력 수준을 훨씬 뛰어넘는 목표를 달성하고자 할 때 유기적으로 당신의 목표를 지원해줄 수 있는 새로운 환경이 필요해진다. 지금보다 발전된 모습으로의 압력을 가하는 그런 환경 말이다. 올바른 조건이 설계될 때 당신이 원하는 행동이 자연스럽게 펼쳐진다.

세계적 수준의 사이클리스트가 되거나, 회사원을 탈피해 사업을 운영하는 위치로 한 단계 도약하고 싶다면 당신을 둘러싸는 환경 전체가 그 목적을 지원해야 한다.

《당신의 주인은 DNA가 아니다The Biology of Belief / 두레, 2016》의 저자 브루스 립튼Bruce Lipton 박사는 그의 책에서 이렇게 설명한다.

"단세포와 마찬가지로 우리 인생의 성격은 유전자가 아니라 삶을 이끌어가는 환경으로부터 오는 신호에 대한 반응에서 비롯된다."

내 커리어에서의 작은 예시는 다음과 같다. 단순히 내가 어떤 방에서 일할지 결정하는 것만으로도 내 생산성에 극적인 영향을 받는다. 그 원리를 완벽하게 이해할 수는 없지만, 환경적 자극(또는 무자극), 분위기, 색, 의자의 안락함 등이 결합되어 생산성 칵테일을 구성하게 된다. 나는 대부분의 책을 내 침실에 있는 두툼한 의자에 앉아 완성해냈다.

최고의 자원을 활용해 당신의 환경을 의식적으로 설계하는 것은 목표를 향해 곧장 흐르는 강물을 만들어내는 것과 같다.

서사 속에서 당신의 역할을 재정의하라

이 책을 위한 자료조사를 하며, 나는 인간들이 어떻게 시간이 지나면서 형성된 자신의 서사에 부응하기 위해 살아가는지와 관련된 놀라운 연구들을 접하게 되었다.

인생 자체가 자기충족적 예언으로 둔갑하는데 정작 본인은 이를 전혀 인지하지 못하고 있을 수 있다. 당신의 서사를 재정의하며 당신의 인생을 바꿀 수 있다!

그런 인생 서사는 관계 속에서 당신의 역할, 조직에서의 당신의 지위 그리고 어느 이야기 속 장소에 당신을 가둬버린 어린 시절에 있었던 사건일 수도 있다. 이런 인위적 역할과 기대들은 인생과 경력을 위한 추동력을 발전시키는 데 있어서 자기 제한적일 수 있다.

이 주제는 개인 코칭 세션에서 한 친구가 책 집필의 꿈을 품고 있지만, 고등학교 때 영어 과목을 두 번 낙제한 굴욕적인 기억으로 인해 이것이 불가능하게 느껴진다고 털어놓았을 때 거론되었다. 그녀는 어떤 과거의 서사로 인해 꿈이 이루어지지 못하는 곳에 자신을 스스로 가두고 있었다.

그녀의 서사를 재정의해 보면 이런 결과가 나올 수 있다.

'나는 머릿속에 다양한 좋은 아이디어들과 흥미로운 이야기를 품고 있어. 내 목표는 책을 쓰는 것이며 이를 위해 우선적 시간을 할당하고, 책 집필 과정에 대해 배우고, 작문 실력 향상을 위한 기술을 활용하고, 편집 도움을 받는 등 목표 달성을 지원하기 위해 환경을 바꿔나갈 것이야. 덧붙이자면 내 고등학교 영어 선생님은 정말 형편없었어!'

나도 이 책을 집필하며 내 가족관계, 결혼생활 그리고 심지어 고객들, 소셜 미디어 관중들과의 서사에서의 내 위치에 대해 다시 생각해보는 계기가 되었다. 간혹 내가 과거로부터 해왔던 역할로 인해 다른 사람들로부터 존경을 받아온 경우가 있다. 그러나 이 역할은 더는 유용하지 않거나 정확하지 않을 수 있다. 내 서사의 일부는 육 남매 중 맏이였던 것에서 비롯된다. 나는 책임감을 느껴야 하는 자리에 있었고 청소년기 대부분을 부모님의 보조적 역할을 하며 살았다. 좋든 싫든 아직 그 서사의 많은 부분이 오늘날 내 인생에 남아있다.

나는 사람들이 '내가 해야 하거나 혹은 하지 말아야 한다고 생각하는 것들'로 인해 나의 성장의 길이 막히는 것을 원하지 않는다. 좋은 소식은 내가 비즈니스 세계에서 수십 년을 지냈음에도 다행히 아직 나를 위한 새로운 기회들을 찾아내고 있다는 점이다.

나와 당신은 미리 정해진 서사에 순응하거나 자기 자신을 어떻게 바라볼지를 사실에 기반 해 재정의해볼 수 있다. 당신을 제약하는 서사가 혹시 보이는가?

∿ 생명줄이 되는 관계 형성

나는 마지막 장에서 당신에게 새로운 기회를 제공해주는 멘토들로부터 추동력을 얻는 것이 중요하다는 이야기를 했다. 그런데 이런 관계들은 추동력을 장기적으로 유지하는 데에도 마찬가지로 중요하다.

《혼자 일하지 마라 Who's Got Your Back / 랜덤하우스, 2010》의 저자 키이스 페라지 Keith Ferrazzi는 외로운 단일 '슈퍼히어로'의 신화와 개인주의적 사고방식을 불식시킨다. 페라지에 의하면 일과 삶의 성공을 위한 진정한 방법은 생명줄이 되는 관계의 중추 세력을 형성하는 것이다. 이는 소수의 믿을 수 있는 개인들과의 깊고 가까운 관계를 의미하는데, 이들은 당신이 완전한 잠재력을 실현할 수 있도록 격려, 피드백과 아낌없는 상호 지지를 제공한다.

이런 생명줄이 되는 관계를 맺는 사람들은 당신이 포기하고 그만두지 않도록 보장해준다. 당신이 정말로 비약적인 목표를 향해 가고 있다면 분명 지원이 필요한 상황에 직면하게 될 것이다. 이런 친구들은 당신이 목표에 대한 책임을 질 수 있도록 도와줄 것이다.

📈 규율은 추동력을 지탱한다

닉 사반Nick Saban은 '거쳐야만 하는 과정the process'을 중시하는 것으로 유명하다. 전 조직적인 규율discipline에 관한 강조는 그를 역사상 가장 성공적인 미식축구 코치로 만들어주었다. 그는 규율이 어떻게 긍정적 추동력과 연관되는지 설명한 바 있다.

"우리 팀의 동기부여를 위해 사용하는 심리적 접근법을 바꾸게 된 정말 기억에 남는 경기가 있었다. 이는 1998년에 오하이오주립대학교 Ohio State와 시합이다.

당시 오하이오주립대는 시즌 내내 1위를 달리고 있었다. 우리는 4~5위였고 실력이 그렇게 뛰어나진 않았지만, 그 경기를 준비하며 결과에는 집중하지 않기로 했기 때문에 결국 승리할 수 있었다. 우리는 그저 우리가 할 수 있는 최고의 플레이를 해내는 과정에 집중하기로 했다. 개별적 플레이가 살아있다고 믿으며 그것만의 고유한 역사가 있는 듯 하나하나에 집중해보는 것이다.

나는 내 선수들에게 득점판을 포함한 다른 외부 요소들에 전혀 신경 쓰지 말 것을 지시했다. 모든 초점과 집중력, 노력, 강인함과 규율은 다음 플레이를 실행하는 데에만 투입되어야 했다. 그것의 결과가 성공이든 실패든, 같은 집중력으로 그다음 플레이로 나아가고 이 과정을 경기 내내 지속하는 것이다. 이 규율만 준수한다면 최종 결과가 어떻게 나오든 이를 수용할 수 있게 된다.

나는 과정 지향적인 접근법이 올바른 것들에 집중할 수 있는 규율을 제공하기 때문에 가치 있다고 생각한다. 즉, 결과가 아니라 그런 결과를 얻기 위해 '현재 통제할 수 있는 것'들에 집중할 수 있게 해주니 말이다.

인생에는 두 가지 고통이 존재한다. 규율의 고통과 실망의 고통. 규율의 고통을 감당할 수 있다면 실망의 고통은 평생 겪지 않아도 된다."

성공한 사람들은 정체된 삶 대신 건강하고 생산적인 습관들을 택한다. 추동력에는 규율이 요구된다. 당신에게 '거쳐야만 하는 과정'은 한 시간마다 영업 전화를 돌리는 것, 매일 책을 쓰는 것, 또는 매달 경영 관련 조언을 얻기 위해 손을 위로 뻗는 것이 될 수 있다.

추동력 없는 성장은 없다. 그리고 규율 없는 추동력도 없다.

📈 회복탄력성

책 집필을 위해 진행했던 초기 설문조사에서 성공적인 사업가들은 초기 우위, 홍보와 멘토의 존재가 추동력 형성에 도움이 되었다고 인정했다. 그런데 목적의 일관성에 핵심적인 다른 공통 특징이 언급되었는데 바로 '끈기'였다. 여기 대표적인 익명 자료를 하나 인용해보겠다.

"나의 추동력을 구축할 수 있게 해주었던 것은 나의 의지, 끈기와 직업의식이었다. 경영자로서 너무나도 자주 쓰러지게 되는데, 그때마다 계속 나아가야 하기 때문이다. 다른 누군가가 당신을 뒤에서 밀어주지 않아도 계속 일을 해나갈 수 있는 사람 유형이 되어야만 한다."

스프링클러의 레지 토마스는 나에게 말했다. "창립가가 깨달음을 얻은 순간에 관한 이야기는 너무나도 과대평가 되어있습니다. 물론, 그런 우연한 순간들이 존재하긴 하죠. 일생에 있어서 그런 순간들이 아마 1천 700만 번 정도 있겠죠. 그러나 확신이 없다면 이는 아무것도 아닙니다. 이렇다 할 초기 우위가 없었던 경영자의 관점에서 말해보자면 적합한 아이디어와 적합한 사고방식의 결합, 적합한 기술 역량, 적합한 시장 기회가 요구되며, 그 후 이를 탄생시키기 위해 치열하게 싸워야 합니다. 아이디어를 출시하더라도 당신이 그것의 생명을 유지해주지 않는 이상, 이는 매 순간 죽어갈 것입니다. 결국, 확신이 전쟁에서의 승리를 이끕니다."

앤절라 더크워스Angela Duckworth는 저신의 책《그릿Grit / 비즈니스북스, 2016》에서 추동력 형성에 필요한 특출난 끈기를 가진 사람들의 네 가지 핵심 성격 특성을 묘사한다.

- 일에 대한 애정 성공은 당신이 하는 것을 즐기는 것에서부터 시작된다. 안젤라가 책을 위해 연구한 모든 투지 있는gritty 사람들은

그들의 업무에서 비교적 즐겁지 않은 측면이 어떤 것인지 정확히 알고 있었고, 대부분은 전혀 하고 싶지 않은 일도 하고 있었다. 그런데도 그들은 전체적으로 이를 위한 노력 자체에 매료되어 있다. 지속적인 흥미와 아이와 같은 호기심으로 그들은 사실상 '나는 내 일을 사랑해!'라고 외치고 있었다.

- **앞으로 전진** 당신의 틈에 대한 정의를 내린 후, 그때부터는 집중력·열심·도전정신을 요하는 추동력 구축 과정에 헌신해야만 한다. 당신의 약점에 집중해 이를 매주, 매달, 매년 개선하는 데에 전념해보라. 투지 있는 것은 안주하려는 마음에 저항함을 의미한다. 그들의 관심 분야나 그들이 이미 얼마나 훌륭한지와는 무관하게 "무슨 일이 있어도 나는 발전하고 싶어!"라는 말은 모든 투지의 귀감들이 반복적으로 하는 말이다.

- **목적의식** 목적 없는 일을 평생 수행하는 것은 대부분 사람에게 거의 불가능하다. 투지 있는 사람들은 "내 업무는 나와 다른 사람들을 위해 중요하다."라고 말하는 데서 동기부여를 느낀다.

- **희망** 희망은 위기에 대처하는 안내심이다. 의구심이 생기거나 상황이 어려워지는 순간에도 처음부터 끝까지 계속 나아가는 것이

중요하다. 크고 작은 다양한 일들을 겪으며 쓰러지기도 한다. 다시 일어나지 못한다면 투지를 잃게 된다. 일어나게 되면 투지는 유지된다.

기회의 실행에 실패한다면, 이는 아마 이 특징 중 하나가 없기 때문일 것이다. 머릿속에 다음 중 하나의 생각이 든다면 아마 당신은 막다른 길에 서 있을 확률이 높다.

'지루하다.'

'이런 노력을 투입할만한 가치가 없다.'

'이건 나에게 중요하지 않다.'

'내가 할 수 없는 일이니 포기하는 것이 낫겠다.'

이런 생각이 드는 것은 잘못된 것이 아니다. 그런데 당신이 저 중 하나의 생각으로 가득하다면 방향을 틀고 다른 길로 가야 할 때이다. 넘을 수 없는 장애물은 몰락이 아니다. 주도권을 잡을 기회일 뿐이다.

자존심을 내려놓고 진솔하게 문제를 마주한다면, 매해 거듭될 좌절감을 모면하고 더 생산적인 길로 나아갈 수 있을 것이다.

길을 가로막는 장애물은 우리가 아직 성장해야 할 길이 많이 남았으며, 우리 안엔 아직 발견되지 못한 새로운 것들이 존재한다는 것을 상기시켜준다.

〰️ 브레네가 되어라

나는 이제 너무 나이가 많고 무릎이 좋지 않아서 영영 전문적인 농구선수가 될 수는 없을 것이다. 우리의 통제범위를 벗어나는 특정한 한계들은 존재한다. 그러나 '용기'는 그중 하나가 아니다.

태어날 때 우리의 성격은 백지상태다. 나는 걸음마를 처음 배울 때나 흙을 한 움큼 먹어보려고 하는 때 등 용감하지 않은 유아를 본 적이 없다. 그러나 시간이 지나며 좋고 나쁜 일들을 경험하게 되고, 이내 지금 우리 어른들과 같은 성격이 형성되는데, 내 생각에 대부분 사람은 그 과정에서 용기를 잃어버린다.

"나에게 그럴 용기가 있었더라면……"이라고 우리는 종종 자신에게 말한다. 마치 용기가 운이 좋은 몇 명에게만 주어지는 특성인 양 말이다. 그러나 이는 사실이 아니다. 당신 안에는 변화를 만들거나, 직장, 관계 그리고 인생에서 그 기회를 잡을 수 있는 용기가 분명 존재한다.

당신이 내 블로그나 팟캐스트를 둘러본 적이 있다면 틀림없이 연구자이자 작가인 브레네 브라운이 내 평생의 영웅 중 한 명이라는 사실을 알 것이다. 만약 추동력을 구축하는 데 필요한 일을 하는 것이 두렵다면 《리더의 용기 Dare to Lead / 갤리온, 2019》라는 그녀의 책을 읽어보라. 이것이 내가 줄 수 있는 최선의 조언이다. 브레네는 용감한 자들의 여왕이고 당신 안에 내재된 용기를 가로막는 장애물들을 발견하는 데 도움을 줄 것이다.

📈 필요하다면 다시 시작하라

모든 시작에는 용기가 필요하다. 그리고 끝을 맺는 것에도 용기가 필요하다.

이 책에 타이밍 때문에 아이디어가 멈춰야 했던 예시는 충분히 많이 제시되었다. 완전히 멈추는 것은 두렵고 가슴 아픈 일이지만 극적인 재가동은 새로운 시작이 되기도 한다.

나는 첫 사업으로 돈은 벌었지만 내가 생각했던 것만큼 그 일을 좋아하지 않는다는 것을 깨달았다. 틈을 발견했으나 나의 가치와 부합하지 않았다. 나는 어렵게 길을 틀어야 했다. 실망스럽고 조금은 무서웠지만, 이는 더 큰 기회들과 훨씬 행복한 기록들로 이어졌다.

그리고 이는 내가 오프라를 모르는 이유이기도 하다.

마지막 매치

이제 내가 100페이지 전에 제시했던 질문의 답을 공개할 시점이 찾아왔다.

"왜 팀 페리스는 오프라를 알고 나는 그녀를 모를까?"

오프라의 영향권에 들기 위한 여정에서 지금까지 우리 둘은 발맞추어 걸으며 성공의 복리를 위한 추동력을 구축하고 있었다. 우리는 둘 다 작은 초기 우위가 있었고, 이는 살면서 우연히 있었던 사건으로부터 파생된 클릭 모먼트였다.

책 출판 시, 팀 페리스에게 (그간 없던 그 분야의)권위자가 필요한 시대였다는 좀더 유리한 조건이 주어지긴 했지만, 둘 다 작품을 위한 타이밍은 옳은 듯했다. 우리는 통찰력을 실행에 옮겼고, '음속 폭음'을 자아내며 성공의 복리를 작동시켰다. 또한 손을 더 멀리, 더 높이 뻗음으로써 새로운 기회를 열어주고 앞으로 나아가게 도와준 멘토 집단이 우리에게 있었다.

이어지는 마지막 도전은 우리의 성공과 새롭게 찾게 된 성공의 복리를 활용해 추동력을 더욱 멀리 부채질하는 것이었다. 벤튼처럼 베이컨을 만들 때가 왔다.

팀 페리스는 목적의 일관성과 정확한 실행력으로 추동력을 끌고 올라가는 것을 훌륭히 수행해냈다. 그는 강연을 시작하면서도 테드, SCXWS, 르웹LeWeb 등 세계에서 가장 큰 무대들에 서며 또 한 번의 음속 폭음을 만들어냈다. 그의 강연료는 솟구쳤다.

〈뉴욕타임스〉 베스트셀러 저자로서 그는 새로운 멘토들과 만날 기회가 있었고, 그들은 그를 다음 단계의 유명 인사 세계로 끌어올려 주었다. 그는 마이크 메이플스Mike Maples의 관심을 끌어, 그로부터 벤처 투자자로서 투자할 때 사용하는 내부적인 비밀들을 듣게 되었다. 이

지식을 활용해 그는 스텀블어펀StumbleUpon, 포스터러스Posterous, 에버노트, 쇼피파이, 우버, 태스크래빗TaskRabbit 등에 투자했다.

그리고 '4시간'의 아이디어를 시리즈로 만들어 《4시간짜리 셰프The 4-Hour Chef / 국내 미출간》와 논란이 많은 《포 아워 바디The 4-Hour BODY / 갤리온, 2012》의 성공으로 이어졌고, 두 후속작 모두 뉴욕타임스 베스트셀러가 되었다.

그는 충동적으로 팟캐스트를 시작했고 단숨에 아이튠즈 상위권에 오르며 그의 수백만 명의 팬들과 연결되고 싶어 하는 부유한 후원자들의 이목을 끌었다. 물론 그는 오프라 윈프리의 블로그에 기여해달라는 초대를 받았다.

그렇다면 나는? 내가 오프라 영향권에 도달하지 못한 진짜 이유는 바로 다음과 같다.

내가 그러지 않기로 선택했기 때문이다. 내 인생 계획에 부합하지 않았다.

팀이 목적의 일관성을 유지하며 '4시간'의 열풍을 휩쓸고 다닐 때, 나는 가던 길을 멈추고 관련 없는 프로젝트들을 새롭게 시작했다.

나에게 《영향력 수익률》 집필 작업은 지적 호기심의 모험이었다. 내 인생에서 한 해를 책을 쓰며 보낸다면 그 주제가 재미있어야만 했고, 새롭게 부상하는 인플루언서 마케팅의 기회는 나에겐 아주 흥미로웠다!

추동력이 생기고 나도 조금씩 유명해질 무렵, 나는 인플루언서 마케팅에서 권위자가 될 수 있는 무방비 상태의 기회를 포착했다. 내 연구와 새로운 인맥들을 활용해 선구적인 인플루언서 마케팅 에이전시를 세우거나 컨설팅을 시작할 수도 있었다. 팀처럼 나도 기존의 성과를 활용해 성공의 복리를 만들어낼 수 있었다.

그러나 나는 이에 관한 관심이 전혀 없었다.

추동력이 나의 이키가이와 부합하지 않았다. 나의 동기와 개인적 에너지는 새로운 것을 시도하며 생겨난다. 3~4년에 한 번씩 나를 재창조해낸 이력이 있는지라 하나의 주제에 전념하는 것은 내겐 너무 우울한 일이었다. 그리고 에이전시를 시작한다면 내가 받게 될 스트레스는? 상상만으로도 병에 걸릴 것 같았다! 명백한 기회를 잡지 않는 것이 어떻게 보면 나에게는 내 서사의 주도권을 가져올 방법이었다.

따라서 나는 추동력을 종료시키고 다른 사람들이 그 틈으로 들어와 내 아이디어를 발전시키기를 기다렸다. 그리고 그들은 정말로 그렇게 해주었다! 전국의 거의 모든 규모 있는 광고나 마케팅에이전시는 인플루언서 마케팅 요소를 조금씩은 가지고 있다.

내 커리어에서 가장 자랑스러웠던 순간 중 하나는 잭 스탈스미스_{Zak Stahlsmith}라는 청년으로부터 이 메모를 받았을 때다.

"당신의 책이 나에게 얼마나 큰 의미였는지 알았으면 합니다. 《영향력 수익률》은 내 인생을 바꿔놓았습니다. 이것이 내가 하고 싶은 일이었음을 깨닫고 인플루언서 마케팅에 초점을 맞춘 에이전시를 설립했습니다. 당신 덕분에 나는 고향 펜실베이니아에서 성공적으로 성장 중인 사업을 운영하고 있고, 지역사회에 양질의 일자리를 제공할 수 있게 되었습니다. 감사합니다."

그래서 결국 이 또한 잘 풀렸다.

나는 오프라와 알고 지내진 않지만, 행복하고 보람 있는 인생을 살고 있으며 나를 통해 최소한 한 명의 타인이 불씨를 얻어 그의 가족과 직원들을 돌볼 수 있게 되었다. 나는 그것만으로 충분하다. 그리고 아마 벤튼의 베이컨 정도만 있다면.

오프라 씨, 당신은 아마 이 책을 읽고 있겠죠. 난 여전히 여기 있습니다. 준비될 때 언제든 불러주세요.

PART 10

여정을
마치며

Afterword

⁂ 나는 입증된 사실과 연구로 내 책의 이야기를 전개하고, 대신 이를 흥미롭게 전달하기 위해 노력한다. 그리고 당신에게 이런 아이디어들을 보여주면서 나 또한 많이 배운다. 책 한 권을 출판하는 것은 2년간의 치열한 독서, 공부, 쓰기, 퇴고의 과정이다. 프로젝트를 진행할 때마다 새로운 분야에서 석사학위를 따는 것만 같다.

이 마지막 장에서 나는 지금껏 다른 책들에서 해본 적 없는 작업을 해보려 한다. 단순히 뇌로만 쓰는 것이 아니라 양심적으로 쓰고 싶다. 어떻게 보면 내가 제시한 방법을 사용해보는 것이라고도 볼 수 있겠다. 사람들이 만들어 놓은 '해서는 될 말'과 '해서는 안 될 말'이라는 서사에 도전장을 내미는 것이기 때문이다. 이는 이 책의 집필과 이를 위한 연구가 나의 뇌리를 떠나지 않는 하나의 겸허하고, 심오하고, 감정적인 여정이었기 때문이다. 할 말을 하지 않는다면 나는 겁쟁이가 되고 말 것이다.

이 경험은 마치 내 안경에 마태 효과 렌즈가 새로 처방된 것만 같은 느낌을 들게 했다. 나는 이제 이 렌즈를 통해 부모·자식 관계, 사업 기회, 진로 선택과 시사 문제를 바라본다.

예를 들어 새로운 친구가 자신의 인생 이야기를 해줄 때 나는 그 사람의 초기 우위 가능성, 멘토들의 도움을 통해 구축된 추동력 그리고 터빈을 계속 작동시키기 위해 그 후에 했던 선택들에 대해 유심히 듣는다. 이는 끊임없이 반복되는 패턴인데, 당신 또한 이 책을 이제 읽었으니 비슷한 것들이 보일 것이다.

가장 강렬한 변화는 내가 역사와 우리의 미래를 성공의 복리를 통해 어떻게 바라보게 되었는지다.

거리는 불에 타고 있었다

아마 가장 중요한 초기 우위는 번영을 누리는 선진국의 안정적인 두 부모가 있는 가정에서 태어나는 것이다. 내가 그런 경우다. 나는 펜실베이니아주의 거대하고 아름다운 강의 도시 피츠버그에서 자랐다. 비록 1960년대는 불협화음의 대재앙 시기였지만, 어릴 때였으므로 이를 인지하지 못했다. 나는 야구에 푹 빠져있었고, 나와 대부분 친구들은 침실 벽지를 당시 가장 아끼던 흑인 남성들의 포스터들로 장식해놓았다. 나의 가장 위대한 영웅은 타고난 운동선수이자 월드 시리즈World Series 챔피언십 팀을 두 번 이끈 카리스마적 캡틴인 야구 강타자 윌리 스타젤Willie Stargell이었다. 그는 마음이 따뜻한 지역 유지였고, 그의 친

필사인이 있는 사진은 아직도 내 사무실에 걸려있다. 나는 다른 피츠버그 시민들과 함께 로베르토 클레멘테Roberto Clemente, 프랑코 해리스Franco Harris, 린 스완Lynn Swann 그리고 '사나운Mean' 조 그린Joe Greene과 같은 흑인 스포츠 영웅들의 성과에 열광했다.

나는 이제 내가 당시에 그토록 사랑했던 이들이 스타 운동선수 그 이상이었다는 것을 알고 있다. 그들은 그래야만 했기 때문에 자신들만의 방식으로 시민 평등권 운동의 리더가 되었다. 20년 전만 해도 흑인 남성들은 전문적인 야구장에 발을 디딜 수 없었다. 매일 어떠한 형태로든지 인종차별을 당했다. 그러나 나는 8살 때 역사나 그 맥락에 대한 인식이 전혀 없었다. 나의 영웅들이 매일 직면했을 개인적인 도전들을 이해하지 못했다.

나의 가장 어린 시절 기억 중 하나는 1968년 마틴 루터 킹이 살해됐다는 TV 뉴스 보도를 본 것이다. 많은 미국 도시들의 거리가 불에 타고 있었다. 나는 그 폭력적인 혼란을 이해할 수 없었기 때문에 무서웠다. 그 장면들로 악몽을 꾸었다. 무엇이 일어나고 있는지 알고자 신문 읽기를 시도했던 기억이 나는데, 3학년이 읽기에는 단어들이 너무 어려웠다. 줄거리를 이해하지 못한 채 연극의 제2막을 시작하는 것과 같은 느낌이 들었다.

어렸을 때 나는 무엇이든 간에 질서정연한 해결책을 기대했다. 미국에 문제가 있다면 학교에서 배운 것처럼 이를 극복해내면 된다고, 가족

내에서나 동네에서 누군가 도움이 필요할 때처럼 서로를 도와주면 된다고 생각했다.

마틴 루서 킹은 폭동 행위를 규탄하면서도, 폭동을 '아무도 귀 기울이지 않는 자들의 언어'라고 칭했었다. 나는 이제 내 인생의 마지막 3분의 1을 시작하고 있는데, 50년이 지난 지금도 거리는 아직 불타고 있다. 지금으로부터 50년 후에도 불타고 있을까? 이 악순환을 어떻게 끊어낼 수 있을까?

실패의 복리

10년이 넘는 기간 동안 나는 경제적으로 궁핍한 아이들을 대상으로 멘토링을 진행해왔다. 그들은 나의 또 다른 가족이 되었다. 우리 도시의 범죄 지도를 펼쳐보면, 이 아이들이 문제 되는 지역의 중심지에 사는 것을 알 수 있다. 나의 소셜 미디어를 팔로우 중이라면 이 친구들과 함께 있는 모습을 보았을 것이다. 특히 엘리야Elijah와는 7살 때 만나 지원 및 멘토링을 해주고 있다.

이 부분은 내 서사의 특히 까다로운 부분이다. 나 자신을 이런 식으로 드러내면 '이봐! 내 선행을 봐!'라는 느낌을 줄 수 있기 때문이다. 하지만 이는 어떠한 중요한 부분을 설명하기 위함이니, 부디 눈감아주길 바란다.

엘리야가 10살이 되었을 때 우리는 그가 가장 좋아하는 주립 공원으로 캠핑 여행을 떠났다. 당시 나는 막 거대한 기술 콘퍼런스에서 돌아왔었고, 그곳에서 엘리야와 비슷한 연령대 아이들이 거대한 연회장의 컴퓨터 앞에 앉아 로봇을 위한 코딩을 하는 광경을 보았다. 이런 기회의 격차를 보며 나는 감정에 복받쳤다. 내가 아끼는 아이들은 이런 코딩의 세계가 존재하는지조차 몰랐다! 나는 아이들 자신이 얼마나 뒤처져 있는지 상상조차 하지 못할 것이라 짐작했다. 나와 작업하던 많은 아이는 개인 로봇을 위한 키트는커녕, 그 당시 개인 컴퓨터나 와이파이조차 없었다.

캠핑 여행을 가는 길에 이 안쓰럽고도 밝은 남자아이가 나를 쳐다보며 말했다. "당신과 오늘 함께여서 너무 좋아요. 집에 있었다면 사촌의 장례식에 갈 뻔했어요. 그는 칼로 22번 찔렸고, 눈도 찔렸대요. 그것을 보고 싶지는 않았어요."

이것은 10살짜리 아이와 가져서는 안 되는 대화다.

몇 년 후, 내가 유럽에 있을 때 엘리야가 사는 거리에 총기 난사가 일어났다는 기사가 핸드폰에 떴다. 즉시 그에게 전화를 걸었다. 그는 총소리를 듣자마자 재빨리 뛰어가 근처 가게 선반 뒤에 숨었다고 했다. 몇 달 뒤 그는 친한 친구 제비언 돕슨Zaevion Dobson의 집에서 놀았다. 같은 날 몇 시간 후에 제비언은 범죄 조직과 관련된 총기 난사 속에서 세 명의 여자들을 보호하다가 앞마당에서 죽었고, 이는 영웅적인 행동으로 전국적으로 보도되었다.

흑인인 엘리야와 여섯 명의 다른 아이들은 그의 대모 할머니 손에 자랐다. 엘리야의 어머니는 교도소에서 몇 년을 보냈으며, 아이들의 아버지들은 주변에 없었다. 아이들을 위한 아동 지원이 거의 이루어지고 있지 않았다. 그들의 집은 항상 깨끗하고 밥도 주어지고 제때 학교에 가긴 했지만, 내가 사랑하는 이 가족을 위해 '추가'적으로 제공할 수 있는 것이 거의 없었다.

예를 들어 엘리야는 크리스마스 선물로 문을 요청했던 적이 있다. 그는 1층에 있는 방에서 잤는데 저녁에 들리는 텔레비전 소리에 잠을 잘 잘 수가 없다고 했다. 그래서 나는 그의 할머니와 이야기해 집에 문을 하나 달아줬다.

12년 동안 이 아이들을 덮치는 저류를 목격했지만 나는 낙심하지 않는다. 엘리야의 가족에는 끝없는 희망과 사랑이 넘친다. 상쇄하는 과정이 존재하는 가정이고, 다시 이에 관해 이야기해보도록 하겠다.

당신의 파도를 타다

마태 효과 그리고 가진 자들과 가지지 못한 자들 간에 벌어지는 격차는 저녁 식사 자리에서 흔히 나누는 대화가 아니다. 내가 이 책을 위한 아이디어를 처음 논의하기 시작했을 때 사람들은 어딘가를 멀리 응시하는 듯한 표정을 지으며 이렇게 말했다.

"흠… 생각해보니 내가 지금 인생에서 이 자리에 있는 이유는 특정한 혜택들과 사건들 때문인 것 같네. 그런 식으로 생각해본 적은 없었어. 그런 운이 없었더라면 지금 어디에 있었을까? 내가 필요했을 때 그 사람이 없었더라면?"

그 표정은 나를 안심시켜준다. 이는 서핑하는 사람들이 아주 오래전에 생긴 파도의 물마루를 타는 것처럼, 그들이 새로운 관점으로 자신들의 삶을 바라보고 있다는 뜻이니 말이다. 어떤 이들은 높은 윙클보스 형제의 파도를 타고, 어떤 이들은 블루칼라 파도를 타고, 어떤 이들은 치명적인 저류로 인해 파도 밑으로 끌어당겨지고 있다.

백인이거나 부유하거나 대학교육을 받는 것만이 인생에서 보증된 '황금 티켓'은 아니다. 열심히 노력하는 것과 재능도 물론 중요하다. 윙클보스 형제조차 그들의 돈을 어리석은 선택으로 날리지 않는 현명한 선택을 해야 했다. 모든 살아있는 인간은 자신만의 어려움, 고통과 장애물을 만난다. 빅터 프랭클Viktor Frankl은 "사는 것은 고통을 의미한다."라고 그의 책 《빅터 프랭클의 죽음의 수용소에서Man's Search for Meaning / 청아출판사, 2020》에 썼다.

그러나 마태 효과는 모든 사람의 우위와 불이익을 일정 수준 확대해준다. 말콤 글래드웰이 말했듯 '운 좋은 자들의 운과 운이 나쁜 자들의 불운은 어느 정도 노력 없이 얻어지고 이유 없이 겪게 되는' 측면이 있다.

나는 이를 늘 어느 정도는 알고 있었지만 표현하진 않았다. 사리사욕, 개인주의와 개인의 자부심은 막강한 힘이다. 사람들에게 내가 어떤 노력을 통해 알코라는 첫 직장을 잡게 되었는지 설명하는 것은제8장 인터뷰를 진행했던 모든 사람, 27년 기업 생활 동안의 모든 상사, 4년이 넘는 MBA에서의 공부 기간 동안 만난 모든 교수, 근 10년간 전문적 연설가로 나를 고용한 모든 사람이 백인 남자였다는 걸 설명하는 것보다 훨씬 자연스러워 보인다.

나는 한 번도 인종 때문에 개인적이나 전문적인 환경에 속하지 않는다고 느꼈던 적이 없다. 도쿄 지하철역에서 길을 잃었던 적이 예외가 될 수는 있지만 이에 대해서는 다른 날 이야기해보도록 하자.

미국에서 백인이라는 점이 주는 주된 혜택은 순전히 '소속감'을 느낄 수 있는 것에 있다. 경력을 쌓으며 나는 내가 백인이라는 이유만으로 어떤 지위를 얻게 되었다는 직장동료의 분노를 겪을 일이 없었다. 그냥 가장 적합한 후보자로 여겨진다. 나를 '중요한 백인 작가'라고 부르는 사람도 없다.

'혼자 힘으로 일어섰다'라는 내 서사를 변호하지 않는 것은 어려운 일이다. 나는 많은 역경을 극복해왔고, 거대한 위험들도 감수해왔다. 그리고 내가 이룬 것들에 대해 자부심을 느낀다.

　그러나 미국 기업 환경에서 내가 속한 집단의 거의 모든 이들이 높은 파도를 탄 경험이 있다면, 나도 그 파도를 타는 것이 상대적으로 훨씬 쉽다는 사실은 인정하는 바이다.

공정하다는 착각

　미국을 포함한 대부분 국가에는 공평한 경기장이 제공되면 모두가 평등한 기회를 얻게 된다는 신념이 있다. 모든 조건이 평등하다는 가정 하에, 높은 사회적 지위를 갖게 된 자들은 그것들을 자신들의 노력, 재능, 노고를 통해 정당하게 얻었다는 것이다. 이것이 바로 아메리칸드림American Dream이다.

　정치적 철학자 마이클 샌델Michael Sandel은 그의 저서 《공정하다는 착각The Tyranny of Merit / 와이즈베리, 2020》에서 이 소중한 이상향에 대해 두 가지 근본적인 반문을 제기한다. 첫 번째 그리고 가장 당연한 것으로, 인구의 상당수에겐 전설 속의 '공평한 경기장'이 존재하지 않는다는 것이다. 그는 그의 하버드 학생들조차 자신들의 성공이 순수하게 자신의 노력만으로 이루어진 것으로 믿는다고 하는데, 그들의 3분의 2는 소득수준에 있어서 상위 20%에 속해 있다. 실제로, 사회 계급과

SAT 대학 입학 전 고등학교 학생들을 평가하는 제도 점수 간의 연관 관계는 충분히 입증되었지만, 상황은 나아지지 않고 있다. Hess, Abigail. "Rich students get better SAT scores—ere's why." MSNBC, 19 Oct. 2019.

연구에 의하면 IQ 변화의 60%가 사회 경제적 지위, 가정환경과 영양상태에 원인을 두고 있다고 한다. 빈곤한 환경에 살았던 4~6살 사이의 아이들이 부유한 집에 입양되면 IQ가 평균적으로 77에서 91 정도로 올라갔다. Jensen, Eric. Teaching with Poverty in Mind: What Being Poor Does to Kids' Brains and What Schools Can Do About It. ASCD Press, 2009.

샌델은 사회 내 계층 이동이 수십 년간 멈춰있다고 한다.

"가난한 부모 밑에 태어난 미국인들은 성인이 되어서도 가난한 경향이 있다."

〈월스트리트저널〉에 의하면 소득과 부는 내가 TV에서 그 무서운 장면들을 본 후 50년간 거의 바뀌지 않았다고 한다.

2008년 금융위기로 모든 인종 집단의 부가 파괴되었지만, 흑인들의 부는 회복이 훨씬 더뎠다. 근 몇 년간 흑인 가정은 순자산의 중간값이 1만 8,000달러였지만, 백인은 17만 1,000달러에 달했다.

《공정하다는 착각》의 주안점은 어디에나 존재하는 이런 '자수성가'에 대한 경배가 인생에 있어서 같은 초기 우위를 누리지 못한 자들에게 불공정하고 굴욕적인 지위를 안겨준다는 것이다. 샌델은 말했다.

가계소득의 중간값

■ 흑인　　■ 백인

(천만 달러)

60

50

40

30

20

1975　　1985　　1995　　2005　　2015

자료 출처 : 미국통계국

"이것은 '위로 올라가지 못하는 자들은 다른 사람이 아닌, 그들 자신만을 탓할 수 있음'을 내포한다. 위에 있는 자들은 그 자리를 받아 마땅하지만, 뒤에 남겨진 자들 또한 마찬가지라는 것이다. 그들이 그만큼 효과적으로 노력하지 않았다는 뜻이 된다."

샌델과 많은 이들은 이 위기에서 탈출하는 유일한 방법은 '사회의 승자와 패자를 도덕적으로 구별해버린 가정들을 다시 상상해보는 것'이라고 주장한다. 코로나19 팬데믹과 소위 말하는 미숙련 저임금 직업의 새로운 가치 상승이 이런 새로운 변화를 위한 출발점이 될 수도 있다. 샌델은 기록했다.

"직업의 존엄성에 관한 토론을 시작할 때이다. 이는 일의 보상을 제공하는 데 있어서 보수뿐 아니라 존중에 대한 보상을 제공하는 것과 관련된다. 이제 우리는 의사와 간호사뿐 아니라, 비정규직 채용을 더욱 선호하는 고용 시장에서 일하는 택배 기사, 식품점 점원, 창고 직원, 트럭 운전기사, 의료종사자, 보육교사들에도 얼마나 의존하는지 깨닫게 되었다. 우리는 이들을 필수 노동자라 부르지만 많은 경우 이들은 가장 좋은 경제적 대우를 받거나 존경받는 그룹은 아니다."

희망, 존중과 우리 아이들

존경심esteem을 재분배하는 과정은 내가 이 책 집필을 위해 조사를 수행하며 나타난 주제다. 내 친구 웬디 라만Wendy Laman은 30년 넘게 어린이 교육자이자, 컨설턴트인 동시에 관리자로 일했고 그 기간의 대부분은 범죄가 자주 일어나는 빈곤 지역 아이들을 위해 사용했다. 그녀는 인생의 대부분을 마태 효과라는 불평등의 수렁 속에 깊이 몰입해 살았다.

내가 알고 싶은 것은 이거였다. 긴 커리어 동안 수그러들지 않는 문제점들에 직면하며 그녀는 과연 희망을 가지는가? 마태 효과가 유발하는 차이가 없어지기는 할까? 그러나 웬디는 "희망은 가지고 있다."라고 말했다.

"사회에서 일어나야 하는 큰 변화가 꼭 경제 문제를 해결하려 하는 정부 프로그램과 연계되어 있다고 생각할 필요는 없다. 나는 아이가 자신이 소중하고 중요하다는 말을 듣고 이를 진심으로 받아들이면 진짜 변화가 일어나기 시작한다고 믿는다. 이것이 바로 게임 체인저game changer, 상황 전개를 바꾸는 요소다. 이 믿음은 육성되고, 지원되고, 장기적인 성장을 유지하고 유의미한 변화를 불러오기 위해 강화되어야 한다."

글로리아 놀란은 세인트루이스의 빈곤한 동네에 조기 교육을 위한 자원을 도입하기 위해 고군분투하고 있는 지역의 리더이고, 그녀의 생각 또한 웬디와 같다. 그녀가 사는 도시에서 학교를 위한 후원은 지역 재산세 수입에 의존한다.

"우리 지역을 보면 개입 없는 발전은 존재할 수 없다. 이러한 추세를 반전시킬 수 있는 희망은 우리 아이들이다. 그러나 그들의 자존감과 자신감은 시스템적인 자원의 제공을 통해 육성되어야 한다. 정부는 이 추세를 반전시킬 수 없다. 이것은 우리에게 달렸다. 사람들이 일을 해야 한다."

내가 한 세대의 희망 전체를 존경심의 재배분에만 걸고 있지 않다는 것을 강조하고 싶다. 불평등과 불공정성의 근원적인 원인은 우주만큼 복잡하다.

그렇다면 도대체 어디서부터 시작해야 하는가?

몇 달 동안 나는 이 책을 제대로 마무리 지을 방법을 고민했다. 가진 자들과 가지지 못한 자들 간의 차이는 R.K.머튼이 예상한 바처럼 만연해 있다. 몇십억 달러의 정부 프로그램이 문제에 조금의 영향도 미치지 못하는데, 당신과 나 같은 개인들은 어떻게 해야 상쇄시키는 조치를 제공하고 변화를 가져올 수 있을까? 어떻게 성공의 복리를 선을 위한 힘으로 사용할 수 있을까? 모두가 추동력을 확보할 기회를 우리는 어떻게 마련할 수 있을까?

작은 불씨로부터 시작된다

당신이 세상을 향해 열린 생각과 자상한 마음씨를 가지고 있다면, 이 세상 절망의 굴레에서 초연한 것은 불가능할 것이다. 이것은 이 책과 다른 책에서 풀지 못하는 고질적인 문제이다.

그러나 내게 아이디어가 있긴 하다.

우리는 성공의 복리 추동력이 하나의 작은 불씨로 시작된다는 사실을 알고 있다. 그 불씨는 잠재력의 초기 씨앗이다. 세상은 아마도 당신과 내가 이 세상에 불씨를 지펴 주길 바랄지도 모른다.

성공의 복리는 반드시 은행 계좌의 돈, 사립 명문 고등학교에서의 교육, 유명 인플루언서와의 접근성 등으로 시작되는 것이 아니다. 불씨는 열린 문과 열린 마음, 혹은 인생에서의 기회의 순간에 대한 길잡이 등으로 시작될 수 있다. 이 책을 읽고 있는 어떤 사람도 아이들에게 필요한 기회의 불씨를 제공할 수 있지 않을까, 해봄 직하지 않을까?

희망과 '불씨'가 작동하는 이야기를 하나 소개하고자 한다.

4년 전 조지아주의 애틀랜타에서 남쪽으로 24킬로미터 떨어져 있는 풀턴 카운티Fulton County의 바네커 고등학교Banneker High School는 상황이 좋지 못했다. 조지아주에 소재한 모든 고등학교 중에서 하위 5% 수준의 학업 성취도를 내고 있었으며, 10명 중 6명은 졸업을 하지 못했다. 교사 수도 최저였으며 학생 중 약 97%는 가난에 허덕였다. 많은 학생의 미래가 암울해 보였다. 바네커 고등학교의 교장 듀크 브래들리 박사Dr. Duke Breadley는 말했다.

"학생들에게 도움을 줄 수 있는 것은 아무것도 없는 것처럼 보였습니다. 기회와 희망을 주기 위해 설립된 학교라는 곳은 이러한 전염병을 부추길 뿐이었습니다. 지역사회는 학교에 대한 신뢰를 잃었습니다."

그러나 2019년엔 바네커 고등학교의 상황은 아주, 아주 달라졌다. 졸업률은 풀턴 카운티의 공립학교 중 가장 높은 47%로 증가했다. 2년도 되지 않아 바네커 고등학교는 조지아주 하위 고등학교 명단에서 탈피하였고, 더 이상 주 정부의 개입을 받지 않아도 되었다. 브래들리 박사는 말했다.

"복도를 걷다 보면 느껴집니다. 이제는 자신감이 있어요."

무엇이 이러한 놀라운 변화를 가져왔을까? 그것은 자금 또는 건물이 갑자기 생겼거나 새로운 사람이 들어와서가 아니다. 이 문제 학교는 희망과 자신감의 재배치를 가져온, 평범한 사람들의 불씨가 모여 엄청난 변화를 이루었기 때문이다.

2013년, 풀턴 카운티의 학교들은 청소년 육성회Junior Achievement 소속의 자원봉사자들과 협약을 맺고, 교육 문제를 겪고 있는 청소년들에게 어떤 도움을 줄 수 있는지 고민하는 단계에 이르렀다. 이는 학교의 구조와 교육과정을 재편성하고 교사의 능력을 계발함으로써 실제의 직업 훈련과 고등 교육을 통합하는 과정이었다. 이 계획에는 '3DE'라는 이름이 붙었고, 2015년 바네커 고등학교가 초기 시범 학교로 선정되었다.

3DE 방법 체계에서 학생들은 실생활에 필요한 직업 훈련을 받았고, 후원 기업에서 파견된 경험이 풍부한 멘토들에게 지도를 받았다. 예를 들어, 학생들은 델타 항공Delta Air Lines의 탑승 수속 절차를 개선하는 문제에 대해 고민하거나, 사이버 보안회사의 모의 훈련 프로그램 확장

을 위한 작업 지원 과제를 수행하기도 하였다.

선생들은 그러한 도전과제들을 모아 일상의 교육과정으로 엮었다. 기하학에서 언어학에 이르기까지 그 범위는 다양했다. 이 과정은 의미 있는 학제 간 방법론을 도출할 수 있었다. 이를 통해 학생들은 학교에서 학습하는 것들이 어떻게 실생활에 접목되는지를 배울 수 있었다.

학생들은 리더십, 협력, 복잡한 문제 해결 등의 원리들과 자기 생각을 관철하며 갈등을 해결하는 능력을 학습했다. 과제의 마지막에는 자원봉사자들이 가장 성취도가 좋은 학생들의 발표를 경청한 후 피드백을 주며 지도를 해주었다.

학생들이 3학년이 되면 다양한 멘토들과 16개의 사례연구를 완수하고 1년간의 몰입 과제로 넘어갔다. 이 몰입 과제는 컨설팅이나 현장 연구 또는 지역 사업체에서의 인턴십 등이었다.

이것은 3DE 과정의 성과와 그에 따른 희망에 관한 이야기이다.

● 3DE 과정을 이수한 학생들은 핵심 학업 지표에서 또래의 학생들에 비해 100%만큼 더 점수가 높았다.

● 만성적 결석률은 38% 감소하였다.

● 졸업률은 이 프로그램을 시작할 당시 63%에 그쳤으나 현재는 92%를 기록하고 있다.

● 징계 관련 문제는 81% 감소하였다.

● 학생의 88%는 대학에 진학하였고 이는 전국 평균 66%를 훨씬 웃도는 수치이다.

3DE 프로그램은 2030년까지 500개의 학교로 확대되는 것을 계획하고 있고 궁극적으로는 2,500개의 학교를 목표로 하고 있다이는 미국 전체의 10%이다.

여기서 내 심장을 멈추게 만든 부분은 "이 프로그램을 이수한 98%의 학생들이 자신의 미래에 대해 생각하면 가슴이 뛴다."라고 대답했다는 것이다. 그들은 자신감을 가지게 된 것이다.

가난은 운명이 아니다. "가난하게 자란 아이들은 동정을 받거나 가난 때문에 실패한 인생을 살아갈 운명을 타고나는 것이 아니다."라고 에릭 젠슨Eric Jenson은 그의 대표작《수업혁명 1: 학습부진 탈출편 Teaching with Poverty in Mind / 한국뇌기반교육연구소, 2012》에서 말했다. 그는 "인간의 뇌는 경험을 통해 변화하도록 설계되어 있어서 우리가 충분히 높은 질의 경험을 한다면 시간이 지나면서 긍정적인 변화를 얻을 수 있게 된다."고 덧붙였다.

우리는 그동안 함께한 시간을 통해 열성적인 멘토링 관계에 오르고 이를 만드는 것이 얼마나 큰 힘을 가지는지 알게 되었다. 또한, 자신을 낮춰 도움이 필요한 사람들에게 경험, 기회, 인맥을 제공하는 것 또한 큰 힘을 가진다는 것도 알게 되었다.

나는 미국과 그 이외 지역에서 기회의 격차를 정의하는 이례적으로 복잡한 문제들을 감소시키고 있지는 않다. 그러나 나는 한 개인이 어떤 영향력을 가질 수 있는지 항상 고심하면서, 멘토링을 통해 작은 불씨를 키우는 힘을 결코 과소평가할 수는 없다고 생각한다.

도움을 주기보다는 이 세상에서 도움이 필요한 이들을 돕는 사람이 되어라. 글로리아 놀란이 말한 것처럼, 문제를 해결할 수 있는 건 결국 사람이다.

빗물 한 방울은 위대하다

우리를 압박하는 문제를 해결하는 데 있어서 당신의 작은 기여도의 힘을 믿으라는 말을 희망의 메시지와 함께 전하고 싶었다. 이 책을 쓰는 동안 전작 《노운KNOWN》에 실었던, 내가 가장 좋아하는 이야기가 계속 생각났다. 다른 사람들을 가난과 억압으로부터 돕는 것에 일평생을 바친 훌륭한 여인 다이애나 크란Diana Krahn의 실화이다.

"저는 인생의 상당 부분을 다른 사람들을 도우며 살았어요. 어렸을 때 캘커타의 슬럼가에서 테레사 수녀Mother Teresa와 같이 일을 했어요.

우리 부모님은 눈을 뜨면 '오늘은 다른 이들을 위해 무엇을 할 수 있을까?'를 생각했고 빈곤한 자들을 위해 이타적으로 일을 하셨어요. 우리 가족은 인도에서 백 명 이상의 굶주린 아이들을 보호하는 고아원을 설립했어요.

다른 이들을 위해 일하는 것은 말 그대로 제 영혼에 태워져 있었어요. 어른이 되었을 때 저는 두려웠고 어떻게 해야 할지 몰랐어요. 세상에 존재하는 문제들은 너무도 거대했고 그에 비해 저는 놀라울 정도로 작고 초라했어요. 도대체 무엇을 해서 세상에 의미 있는 변화를 만들어 낼 수 있을까? 그때 어린 시절 기억 하나가 떠올랐어요.

제 이모는 테레사 수녀와 수년간 같이 일했어요. 저는 캘커타의 슬럼가에 있는 이모 집에 가서 이모 바로 옆에서 일하곤 했어요. 제가 테레사 수녀를 처음 만났을 때 8살이었어요. 그래서 저는 어른들이 보는 방식으로 그녀를 보지 않았어요. 저는 그녀가 진심으로 가난한 이들을 사랑하는, 아주 사려 깊고 훌륭한 마음씨의 노부인이라 생각했어요.

그녀는 제가 그동안 만났던 사람 중 가장 완전한 분이었어요. 그녀는 카메라 앞 또는 UN에서 연설할 때만 성인이 아니었어요. 그녀는 어디서나 항상 한결같았는데 아무도 보지 않는 곳에서도 가장 가난한 사람들에게 그리고 저에게 그런 모습이셨어요. 그것은 지켜보는 이들에게 가장 감동적이고 영감을 주는 일이었어요.

제가 테레사 수녀를 방문하였을 때 특권의 삶을 살다가 비참한 가난의 삶을 경험하는 것은 정말 아찔한 충격이었어요. 그때 저는 어렸으니까요! 내가 무엇을 도울 수 있을까? 도움이 필요한 사람들이 너무 많았어요! 저는 가난과 더러움 그리고 고통이 주는 중압감에 사로잡혔어요. 내가 어떤 의미 있는 일을 할 수 있을까?

테레사 수녀는 제가 마음속으로 몸부림을 치는 것을 알아차리셨어요. 그녀의 세계를 처음 경험하는 거의 모든 사람에게 제 반응은 아마도 꽤 일반적이었던 것 같아요. 그녀는 저를 옆에 앉혀놓고는 허리를 숙여 부드러운 목소리로 저에게 말했어요.

'다이애나, 네가 많이 위축되어 보이는구나. 그렇지만 너는 이 세상이 움직이는 원리에 흥미를 느껴 그걸 돕고 싶은 마음이 있구나. 너도 알겠지만 나는 매우 작은 것에서 시작했단다. 모든 선하고 위대한 것은 작은 것에서 시작한단다. 세상의 어떤 변화든 작은 행동에서 시작한단다. 다른 사람에게 친절함을 베풀고 그들을 아끼고 사랑하거라. 다른 사람을 함부로 판단하지 말거라. 네가 다른 사람을 판단하면 그들을 사랑할 시간이 없단다. 그러니 그들이 누구인지, 어디 출신인지 또는 어떻게 생겼는지 상관하지 말고 그들을 향해 손을 내밀어라. 친절한 행동은 고통받는 이가 많을 때 별로 중요해 보이지 않을 수 있단다. 아마 도움이 필요한 사람은 바다같이 크고 많은데 내 노력은 빗물 한 방울같이 초라하게 느껴질 수 있단다. 그러나 바다도 빗물 한 방울 없이는 완전해질 수 없단다. 그저 아끼고 사랑하거라. 그저 한 발자국만 나아가거라. 빗물 한 방울은 위대한 것이란다.'"

일전의 엘리야를 생각해보자. 수년 동안 내 멘토링의 주된 목표는 그 아이가 작은 불씨를 찾도록 돕는 것이었다. 나는 그가 추동력을 만들어낼 수 있다면 그 어떤 행위라도 그것에 노출 시켜주려 하였다. 우리는 예술 축제, 음악 공연, 박물관에 갔고 숲속을 거닐기도 하였고 대도시를 여행하기도 하였다. 심지어 나는 그에게 전자식 건반을 사주기도 했는데 그와 그의 형제들이 음악적 재능을 보여주었기 때문이었다. 직접 보지 않았다면 절대 모를 것이다!

엘리야의 성공의 복리는 그의 결단력과 직업윤리 그리고 놀라운 운동 실력을 통해 만들어졌다. 그는 뛰어난 운동선수이다. 나는 당시 그것을 그리 대단하게 여기지 못했지만 나는 그때 내 팔이 떨어져 나갈 정도로 그에게 공을 던져 주었다. 5학년 이후 거의 모든 경기에 참석하고 난 후, 마침내 그가 '미스터 풋볼'이라 칭해졌을 때 나는 굵은 눈물이 내 볼 아래로 떨어지는 것을 느꼈다. 미스터 풋볼은 우리 주에서 올해의 가장 뛰어난 선수를 부를 때 쓰는 칭호였다. 현재 그는 명문대에서 전액 장학금을 받고 있다. 한 대가족으로부터 무한한 자신감과 사랑을 받고 자란 그는 그만의 성공 기회를 잡았다.

모든 선하고 위대한 것은 작은 것에서 시작한다. 당신은 당신의 분야에서 어떻게 추동력을 이끌어낼 수 있을 것인가? 내가 운영하는 홈페이지에서 나는 사회적 책임에 관해 전문가들이 검증한 정보들의 목록을 제공하고 있다. 여기서 언급한 기관들은 비특권 층의 아이들에게 상쇄하는 방법들을 제공하고, 우리 세계에서 추동력을 움직일 수 있도록 당신을 위해 엄선된 곳들이다. 당신에게 시간이 부족하는 것을 알지만, 적어도 이 웹 페이지에 수록된 웹사이트 한 곳이라도 방문하길 겸손히 요청한다. 그리고 당신이 그저 도움을 주기보다는 당신의 도시에서 또는 그 이상의 곳에서 한 아이에게 추동력을 줄 수 있는 방법이 있는지 모색해보라.

내 책을 읽어주어 감사함을 표한다. 여기까지 읽었다면 당신은 특별한 사람이다. 당신의 시간과 노력에 감사의 마음을 전한다. 앞으로도 나와 연락을 취하며 계속 불씨를 지펴 나갔으면 좋겠다. 그렇게 못할 이유가 없지 않은가?

더 알아보기

성공의 복리와 추동력에 관한 내용은 끝없이 매력적이다. 내가 운영하는
웹사이트에서는 당신이 이 주제에 대해 더 연구하고 실천에 옮길 수 있는
자료들을 제공하고 있다.

모든 자료는 www.businessesgrow.com/CumulativeAdvantage에
서 확인할 수 있다.

10장에서 언급한 것처럼 현실적이고 긍정적인 추동력을 창출하는 기관
에 관한 검증된 자료들을 제시하였다. 또한 이 주제에 관해 연구하면서
추동력에 대해 글을 쓴 블로그들을 수록하였으며, 마지막으로 이 책을 통
해 당신이 아이디어를 고찰하고 추동력을 구축할 수 있는 계획을 발전시
켜 나갈 수 있도록 각 장의 요약과 학습 가이드를 무료로 제공하고 있다.

감사의 글

3장에서 레오나르도 다빈치가 어떻게 동료들의 끊임없는 공동 작업을 통해 그의 창의성과 위대한 업적들을 발전시켰는지 언급하였다. 여기서는 성공의 복리에 관한 다빈치 팀을 소개한다.

이 책 또한 여러 사람의 공동 작업에 의해 만들어졌다는 사실을 충분히 강조하고 싶다. 나는 그것이 매우 자랑스럽고 여러 다양한 아이디어들을 하나의 통일성 있는 이야기로 엮을 기회가 되어 영광으로 생각한다.

우리 다빈치 팀의 수장은 키스 레이놀드 제닝스Keith Reynold Jennings이다. 2019년 나는 그에게 짤막하고 투박한 몇 개의 장을 보내 '이게 책이 될까요?'라고 물었고 그는 단호하게 '그럼요'라고 답했다. 그 후 우리는 지금까지 함께하고 있다. 또한, 그는 내가 이 책으로 나 자신을 옭아 매어 힘든 시간을 겪을 때 개인 치료사 역할도 했다.

이 책을 집필하기 약 1년 전 나는 에블린 스타Evelyn Starr를 만난 적이 있었는데 그때 나는 그녀의 광대한 지식과 통찰력, 경험이 성공의 복리를 쓰는 데 반드시 필요할 것이라고 직감했다. 그녀의 지혜는 이 책에 깊숙이 녹아 있다. 이들 외에도 이 책을 더 풍성하고 폭넓게 만드는 데 이바지한 사람들로는 러트거스 경영대학원 전문직 실무 분야의 강사로 활동중인 알렉산드라 커니시Alexandra Kunish, 이 책의 검수를 맡은 타네샤 화이트Taneasha White, 지역 사회의 리더이자 나의 우상인 글로리아 놀란Gloria

Nolan, 이 책의 리서치를 관장하는 마케팅 자문 네트워크Marketing Advisory Network의 설립자 사만다 스톤Samantha Stone, 이 책에 국제적인 감수성을 가미해준 존 에스페리언John Esperian, 그리고 미쉘 슬레이터Mitchell Slater, 웬디 라멘Wendy Laman, 파비오 탐보시Fabio Tambosi, 엘리자베스 소스노 Elizabeth Sosnow, 제니퍼 맥클러린Jennifer McClellan이 있다.

우리 제작팀은 연구원 맨디 에드워드Mandy Edwards, 편집인 엘리자베스 레아Elizabeth Rea, 디자이너 켈리 엑시터Kelly Exeter, 음향 편집인 벡키 니맨 Becky Nieman으로 구성되어 있다.

책을 집필할 때 나는 강박관념에 사로잡혀 다소 불편한 기분을 느끼기도 하였다. 매일 매 단어를 쓸 때마다 나는 당신을 상상했다. (그렇다. 바로 당신이다!) 그리고 절대 당신을 실망하게 하지 않을 것이라고 다짐했다. 당신의 시간이 아깝지 않을 아름답고 대담하며 진실과 희망으로 가득 찬 책을 쓰겠다고 말이다.

이러한 강박관념 속에서 당신을 향한 나의 다짐은 수개월 동안 내 머릿속에서 요동을 쳤다. 그것을 생각하며 잠에 빠지기도 하였고 그에 대한 꿈도 꾸었다. 그리고 어떻게 하면 이 책을 더 잘 쓸지 할 일들을 생각하며 잠에서 깨곤 했다. 이러한 지친 상태의 나를 구원해준 사람은 내 아내 레베카Rebecca였다. 그녀는 매우 인내심이 강하고 이해심이 많은 사람이었다. 그녀는 내 꿈을 이루는 데 큰 도움을 주었다.

지금까지 이 책을 읽은 사람이라면 정말 대단한 사람이다. 나는 이러한 당신에게 보답하고 싶다. 이 책은 맨 앞장에 '파커 가족에게…' 등과 같이 다소 수수께끼 같은 헌정사를 포함하고 있다. 이 감사의 글을 읽고 있는 용맹한 독자인 당신에게 이에 관해 이야기하고자 한다.

나는 13년 동안 팻시 파커Patsy Parker라는 여성과 그녀 홀로 5명, 때로는 7명의 손주를 기르는 그녀의 삶에 대해 긴밀히 관심을 가져왔다. 이 책 10장에서 그녀와 그녀의 손자 엘리야에 관한 이야기를 조금 언급하였다. 그러나 그녀의 지치지 않는 노력과 희생, 무한한 힘을 가진 그녀의 존재를 모두 담지는 못했다.

나와 아내는 팻시 손주들의 '멘토'가 되어 우리가 도울 수 있는 선에서 도움을 주었다. 그러나 멘토라는 단어가 무색할 정도로 파커 가족은 우리 가족의 일부가 되어 우리가 주었던 것보다 열 배는 더 큰 사랑과 영감을 주었다.

나는 당신이 지역사회의 멘토링에 동참하여 초기 우위의 불꽃을 지필 수 있기를 바란다. www.businessesgrow.com/CumulativeAdvantage 에서 멋진 시작을 할 수 있다.

내 모든 재능은 신께서 주신 것이며 이 책이 조금이라도 그분에게 영광이 되기를 기도한다.

미라클 타이밍

초판 1쇄 인쇄일 2022년 1월 23일 • 초판 1쇄 발행일 2022년 2월 1일
지은이 마크 W. 셰퍼 • 옮긴이 임승현
펴낸곳 도서출판 예문 • 펴낸이 이주현
기획총괄 정도준 • 편집 최희윤 • 마케팅 김현주
등록번호 제307-2009-48호 • 등록일 1995년 3월 22일 • 전화 02-765-2306
팩스 02-765-9306 • 홈페이지 www.yemun.co.kr
주소 서울시 강북구 솔샘로67길 62(미아동, 코라아나빌딩) 904호

ISBN 978-89-5659-433-0 13320